Erfüllte Zeit
Ermutigungen für das Leben

Notker Wolf

Erfüllte Zeit

Ermutigungen für das Leben

benno

Bibliografische Information der Deutschen Nationalbibliothek
Die Deutsche Nationalbibliothek verzeichnet diese Publikation
in der Deutschen Nationalbibliografie;
detaillierte bibliografische Daten sind im Internet über
http://dnb.d-nb.de abrufbar.

Besuchen Sie uns im Internet:
www.st-benno.de

ISBN 978-3-7462-2848-8

© St. Benno-Verlag GmbH
   Stammerstr. 11, 04159 Leipzig
Umschlaggestaltung: Ulrike Vetter, Leipzig unter Verwendung
eines Fotos von © picture-alliance/Thomas Schulze, Frankfurt/
Main und Thomas Perkins/fotolia.com (Hintergrund)
Layout: Arnold & Domnick, Leipzig
Gesamtherstellung: Kontext, Lemsel (A)

INHALT

1

Lebensgestaltung
in Freiheit
und Verantwortung

Eine Rede an junge Handwerker bei einer Meisterfeier

Wir brauchen die Bereitschaft
zur vollen Eigenverantwortung
für das, was wir tun.
Niemand kann sie uns abnehmen.

Viele kennen mein berühmtes Foto mit der roten
E-Gitarre, so als ob es mein herausragendstes
Kennzeichen wäre. Die Wenigsten wissen viel-
leicht, oder sind sich dessen bewusst, dass ich 23
Jahre Erzabt von St. Ottilien war, einer großen
Benediktiner-Abtei in Süddeutschland mit 120
Mönchen. Davon waren nur ein Drittel Akademi-
ker, zwei Drittel waren Handwerker. Wir haben bei
uns die ganzen Grundgewerke im Kloster, wie das
die benediktinische Tradition ist. Wir bilden
Lehrlinge aus. Daher war mir das Handwerk
immer sehr am Herzen gelegen. Ich denke, meine
Liebe zum Handwerk ist genauso ein Kennzeichen
von mir, wenn auch nicht so sichtbar wie eine
Gitarre.

Die Benediktiner und das Handwerk

Wir Benediktiner haben in Tansania vier große
Abteien, alle mit Handwerkerschulen, die inzwischen von Einheimischen geleitet werden – von
schwarzen Benediktinern. Ich war immer erfreut,
wenn ich dort durch die Lande fuhr, auf den
verschiedenen Bauten Absolventen unserer
Schulen zu finden. Die Regierung hat sowieso
immer darauf geschaut, dass sie gleich unsere
Absolventen bekommt, weil sie so gut ausgebildet
sind. Denn wir haben das duale System einge-
führt. Sie lernen nicht nur Theorie, sondern üben
sich auch in der Praxis. Ich glaube, diese Ausbil-

dung ist eine bessere Entwicklungshilfe, als nur Geld in ein Land zu pumpen.

In unseren klösterlichen Gremien sind auch immer die Handwerker vertreten. Und das ist ein großer Vorteil. Ein simples Beispiel: Wir sollten einmal eine neue Druckmaschine anschaffen. Schön. Der Druckereileiter hatte den Antrag detailliert unterbreitet. Es schien alles so plausibel zu sein, bis unser Elektriker sagte: „Ja, haben wir eigentlich genügend Strom in unserem Kloster dafür?" Und dann brauchten wir erst einmal einen neuen Transformator, bevor wir uns die neue Druckereimaschine zulegen konnten.

Ich habe festgestellt, in all unseren Gremien haben uns die Handwerker immer wieder auf den Boden der Wirklichkeit herunter geholt. Auch deshalb habe ich mich mit dem Handwerk immer sehr verbunden gefühlt. Letzten Endes haben die Benediktiner im Abendland das Handwerk, die Handarbeit geadelt. In keiner Kultur rund um den Globus gibt es eine Anerkennung der Handarbeit, es sei denn im Abendland. Und das ist nun einmal eine Tradition der Mönche, weil Benedikt den Mönchen gesagt hat, erst dann seien sie wahre Mönche, wenn sie von der eigenen Hände Arbeit leben.

Am Beginn eines neuen Lebensabschnitts

Sie haben nach vielen Mühen eine echte Leistung vollbracht, es ist Ihnen zu gratulieren. Sie dürfen sich wahrlich darüber freuen. Und von dieser Situation möchte ich ausgehen und ein bisschen in die Zukunft blicken, auch für Ihr eigenes Leben.

Sie haben meines Erachtens eine wertvolle Erfahrung gemacht: Sie haben etwas geleistet. Sie können etwas. Sie sind wer. Sie sind etwas wert. Sie haben eine Selbstwerterfahrung gemacht. In unserem Land wird viel von Mindestlohn, von Grundlohn und von sonstigen Unterstützungen geredet. Ob zu recht oder nicht, soll an dieser Stelle nicht unser Problem sein.

Ein Ein-Euro-Job ist sicher nicht ideal. Ein Sozialhilfeempfänger sagte mir kürzlich in einem Interview, er habe einen 1-Euro-Job als Landschaftsgärtner angenommen. Das sei zwar nicht das, was er sich eigentlich wünsche, aber er erfahre jetzt wieder, dass er etwas wert sei. „Jetzt weiß ich wieder am Abend, was ich getan habe!" Und das ist das Großartige dabei: Diese Erfahrung des Selbstwertes. Und das ist auch eine Grundlage für unsere Zukunft.

Wir brauchen keine Angst zu haben vor der Zukunft. Auch wenn wir nicht wissen, wie es weiter geht. Auch unsere Väter und Mütter wussten im Jahre 1949 nicht, wie es weiter geht. Und es war nicht die Regierung, die die Lösung gebracht hat. Natürlich gab es politische Rahmenbedingungen. Aber es waren unsere Väter und Mütter, die sich 1949 vor den Karren gespannt und gesagt haben: „Wir bringen unser Land wieder hoch!" Und dafür müssen wir ihnen danken, und wir dürfen auf diese Leistung stolz sein.

Sie haben die Vergangenheit gemeistert, wir werden auch die Zukunft meistern. Auch Ihr persönlicher Weg zum Meisterbrief war mit Sicherheit alles andere als einfach. Sie haben viel Ausdauer gebraucht, Zähigkeit und Selbstdisziplin. Damit haben Sie etwas Wichtiges für Ihr Leben gelernt. Denn Sie brauchen das auch weiterhin: Ohne Ausdauer, Zähigkeit und Selbstdisziplin geht nichts.

Ich glaube, wir schauen beim Lernen, bei der Frage der Bildung immer nur auf die Ausbildungsfaktoren. Es geht um den Menschen, der etwas lernt. Und der lernt wesentlich mehr als nur ein Computerwissen. Sie mussten bei Ihrer Ausbildung auf Vieles verzichten. Sie konnten nicht immer in die Disco gehen, wann Sie vielleicht wollten. Es war auch nicht immer einfach, wenn Sie verliebt waren oder verliebt sind. Wenn das in Ihrem Herzen umgeht – und dann sollen Sie nebenbei studieren und etwas bringen. Und doch

müssen Sie lernen auszutarieren. Sie müssen
trotzdem etwas bringen.

Visionen

Ich habe einmal für einen Kollegen die halbe
Diplomarbeit gemacht, die halbe Zulassungsar-
beit, zusammen mit einem anderen Freund, weil
unser Kollege so verliebt war, dass er nichts mehr
arbeiten konnte. Ich habe Verständnis dafür. Wir
müssen aber auch wieder fragen: „Was ist unser
Ziel? Was motiviert uns?" Und bei Ihnen war es
vielleicht der Meisterbrief. Sie wollten Meister
werden und hatten damit ein klares Ziel vor
Augen, das Sie motiviert und das Ihnen die Kraft
gegeben hat durchzuhalten.

Wenn ich in der Früh meinen Frühsport mache –
es sind nur ganz wenige Minuten Gymnastik –,
wenn ich aus dem Bett herauskrieche, bin ich
noch sehr müde und habe wenig Lust dazu. Aber
das Bewusstsein darum, dass es mir hinterher
besser geht, das motiviert.

Ich wünsche Ihnen, dass Sie immer wieder
Visionen entwickeln in Ihrem Leben, in Ihrem
Beruf, auch in Ihrem persönlichen Leben. Und
daraus konkrete Ziele entfalten, Strategien, dann
haben Sie auch die Kraft, über schwierige Zeiten
hinweg zu kommen. Dann finden Sie auch Wege,
und Sie werden zu einer großen Erfüllung Ihres

Lebens kommen. Denn Sie haben bewiesen: Sie können etwas. Und Sie wissen auch: das Leben ist nicht bequem. Es werden weiterhin Opfer abverlangt. Aber das gehört nun einmal immer wieder dazu.

Allerdings, wenn Sie vor einer kniffligen Frage stehen und sich abrackern, wenn es nachts zwei Uhr ist, würde ich sagen: gehen Sie ins Bett. In der Früh haben Sie dann die Lösung, das ist auch eine alte Erfahrung. Aber hier nicht aufzugeben, sondern weiter zu bohren: wenn Sie dann den Durchbruch geschafft haben, ist das ein beglückendes Gefühl. Glück ist nicht eine Frage des Luxus, sondern eine Frage der Leistung, etwas gebracht zu haben und etwas geschafft zu haben – dieses Glück steht oft erst am Ende eines harten Weges.

Unternehmerisch denken

Mit der Freisprechung werden Sie jetzt buchstäblich in die Freiheit entlassen; Sie können jetzt Ihren Beruf selber gestalten. Sie werden zu Unternehmern. Ich glaube, das ist das Schöne am Unternehmertum: Sie können etwas bewegen, Sie können etwas bewirken. Und jedermann möchte das so gerne.

Ich werde immer wieder gefragt: „Wie fühlst du dich? Du hast doch viel bewegt und viel bewirkt."

Ich sage immer: „Das weiß ich zwar nicht, darüber denke ich nicht nach; ich habe neue Aufgaben vor mir." Und das macht das Leben interessant: wieder etwas zu gestalten, weiter zu entwickeln, flexibel zu sein, wenn es in der einen Richtung nicht geht, probiere ich es in der anderen. Diese Art der Selbstständigkeit ist ein Geschenk. Ich glaube, das haben Sie gerade im Handwerk, auch wenn es bei Ihnen nicht überall so sein wird. Aber diese Art von Freiheit ist etwas vom echten Menschsein. Eine wirkliche Erfahrung: Ich bin etwas wert, ich bin jemand.

Sie können damit auch Ihre ganze Kreativität, Ihre ganzen kreativen Fähigkeiten zeigen und erfahren in dieser Anstrengung, in dieser Leistung oft, was alles in Ihnen steckt. Es ist etwas Wunderbares, die eigenen Fähigkeiten so zu entdecken.

Nicht als ob wir Übermenschen wären, das brauchen wir gar nicht zu sein. Aber das ist die menschliche Würde: Dass wir hier unsere Schöpferfähigkeiten an den Tag legen, dass wir zeigen, was in uns steckt. Wir sind, wenn wir es christlich sehen, vom Schöpfer berufen, Mit-schöpfer zu sein. Das macht die Würde des Menschen aus. Und deshalb ist auch der Hand-werker immer derjenige, der das Muster abgab oder das Beispiel, um die Schöpfertätigkeit Gottes zu beschreiben, der uns aus Ton geformt hat wie

ein wunderbares Gefäß. Er hat die ganze Welt
geschaffen wie ein wunderbares Haus. Immer
wieder werden in der Bibel aus diesem Bereich die
Parallelen gezogen, die Analogien genommen.
Auch Sie haben diese Kraft, Neues zu gestalten.

Ich beneide oft die Handwerker und Handwerker-
innen. Sie wissen am Abend, was sie getan
haben. Wenn ich am Abend dasitze, zwei
Stunden E-Mails beantwortet habe, dann bin ich
höchstens frustriert. Oder wenn ich Probleme
lösen soll, die ich nicht lösen kann. Insofern
beneide ich auch nicht die Politiker. Auch sie
haben es nicht leicht, sehen auch oft nicht das
Ergebnis ihrer Bemühungen und werden am Ende
wieder abgewählt.

Sie setzen sich genau so ein, aber ein Schreiner,
ein Tischler sieht am Abend, was er getan hat, und
kann froh und stolz sein über einen wunderbaren
Stuhl und Tisch. Wir haben in St. Ottilien pracht-
volle Handwerker. Die 08/15-Stücke kaufen wir,
aber wir brauchen auch schöne Einzelstücke. Und
daran üben sich die jungen Schreiner. Es ist eine
Freude, in diese Werkstatt zu kommen.

Wenn ein Metallarbeiter ein Gewinde fertig gestellt
hat, kann er richtig stolz sein. Ich habe das in
Afrika bei unseren Mitbrüdern erlebt. Wenn die
Landmaschine nicht mehr ging, konnte einer nicht

erst nach Europa schreiben, sondern er musste
selber ein neues Gewinde anfertigen. Das ist die
Herausforderung. Das macht ihn aber auch stolz.
Und er weiß, was er ist.

Ich denke an eine Frisöse, der ich vorher begegnet
bin. Auch sie kann stolz sein, wenn sie wieder
einem Mann einen wunderbaren Kopf hinge-
zaubert hat, wo zuvor gar nicht mehr soviel Haare
zu sehen waren. Das sind die Erfolgserlebnisse;
die sind meines Erachtens das Privileg geradezu
der Handwerker.

Freiheit und Risiko

Um nochmals auf die Freiheit zurückzukommen:
Natürlich ist die Wahrnehmung der Freiheit gar
nicht so einfach. Dann bin ich auf mich selbst
gestellt und muss manches Risiko eingehen. Es
gibt leider Gottes in unserer Bevölkerung eine
große Zahl von Menschen, die gar nicht so frei
sein wollen. Sie wollen lieber Sicherheit. Sie
wollen lieber, dass andere für sie denken und
sorgen. Sie wollen alles abgesichert haben. Ich
muss Ihnen gestehen, dies wäre mir sehr zuwider.
Die gestalterische Freiheit, auch die meines
eigenen Lebens, das macht es aus.

Als der frühere italienische Ministerpräsident
Prodi zur Wahl angetreten ist, hat er am Tag zuvor
noch verkündet: „Ich verschaffe euch das Glück!"

Ich bin erschrocken und habe gesagt: „Bitte, lass es bleiben, das tue ich selber!" Das ist nicht seine Aufgabe. Aber diese Freiheit zu haben, das Leben selbst zu gestalten, das beinhaltet auch, das Lebensrisiko auf sich zu nehmen, und genau das macht doch das Leben erst reizvoll. Diese Eigenverantwortung zeigt auch, dass wir erwachsen sind. Kinder brauchen die Bevormundung. Sie müssen beschützt werden.

Es muss für eine gesellschaftliche Gruppe, für einen Staat, zweifelsohne einen gewissen Schutzrahmen geben. Aber im Moment laufen wir Gefahr, gar nicht mehr zu wissen, wo es lang geht, wie wir diesen Rahmen abgrenzen sollen. Der Terrorismus hat beispielsweise die bisherige Sicherheitssituation total auf den Kopf gestellt. Wir versuchen jetzt gleich alles abzusichern, weit über das Nötige hinaus. Betriebsspionage ist möglich, Betrügereien und Faulenzen bei der Arbeit ebenso. Deshalb werden nun viele mit versteckten Kameras überwacht, Emails werden mitgelesen. Das sind überzogene Reaktionen. Es muss auch andere Möglichkeiten der Kontrolle geben. Ich finde es ungeheuerlich, wie hier in die Privatsphäre der Menschen eingegriffen wird und wie viele dazu noch Ja sagen. Wir wollen, um uns gegen den Terrorismus zu schützen und gegen Missbrauch in Firmen, alles total absichern. Das heißt letztendlich: Jeder misstraut jedem – eine Menschen verachtende Situation.

Ich möchte nicht ständig einen Monitor im Rücken haben. Nicht, weil ich etwas anstellen möchte. Aber ich möchte noch ein Stück weit meine Privacy als Teil meiner Freiheit gewahrt wissen, auch auf Zukunft hin. Wir brauchen Sicherheitsvorkehrungen, aber wo liegen die Grenzen? Es ist ein Abwägen, es geht um das rechte Maß. Ich verstehe die echte Sorge, die viele umtreibt. Die Monitoren haben in der Tat den Vorteil, dass sie manche Vergehen aufgedeckt haben. Aber es muss eine Balance geben. Es schaut verlockend aus, den Menschen als gläsernen Menschen da zu haben. Wir meinen, damit die totale Kontrolle und Sicherheit garantieren zu können, doch zu welchem Preis? Welche Art von Leben möchte ich? Abgesehen davon, dass diese Methoden erst recht dazu verlocken, die Vorkehrungen zu umgehen.

Ich bin letztes Jahr in Manila gelandet und durch die Sicherheitskontrollen gegangen. Auf einmal denke ich, was ist denn hier los? Ich drehe mich um und sehe auf einem Bildschirm die gläsernen Passagiere. Ich halte es für entwürdigend, Passagiere einfach unbekleidet anzusehen, ohne dass sie es merken. Es bleibt ihnen keine Privatsphäre mehr.

In manchen Ländern wird das durchaus hinge-
nommen. Bei uns gibt es wenigstens noch
Menschen, die die Freiheit und Eigenständigkeit
und den Schutz der Person einklagen wollen und
es zumindest versuchen. Ich meine, unsere
Freiheit und unsere Privacy sind ein Eigenwert.
Die persönliche Sphäre muss weiterhin unter
Schutz stehen, das gehört zu unserem Menschsein. Natürlich gehen wir dann ein Risiko ein. Aber
wer geboren wird, geht das Risiko ein, einmal zu
sterben. Mein Vater pflegte scherzhaft zu sagen:
„Seit einer das Sterben erfunden hat, ist man
seines Lebens nicht mehr sicher."

Wir brauchen in unserem Leben einfach den Mut
zum Risiko. Das gehört zur Lebensfreude. Ich
finde, das Prickeln eines Risikos ist ja auch etwas
Schönes. Sie haben sicher schon erlebt, wie toll
es ist, von einem Sprungbrett ins Wasser zu
springen. Der berühmte „Sprung ins Wasser",
auch im übertragenen Sinn. Er bringt natürlich ein
Risiko mit sich. Vom Drei-Meter-Brett macht es
sogar noch mehr Spaß.

Ähnliches beim Geräte-Turnen. Man hat zwar den
Trainer an seiner Seite. Aber der kann auch nicht
alles abwenden. Man geht ein Risiko ein. Doch die
Freude an der Bewegung, die Freude an der
Ästhetik, eine wunderbare Übung zu vollbringen
am Reck, am Barren, ist doch etwas Unglaub-

liches. Oder beim Skifahren einmal so richtig runter zu brettern. Oder sich beim Slalom voll in die Kurven zu legen. Es ist natürlich auch ein riskantes Spiel. Aber was wäre das Leben ohne ein solches „Bizeln", dieses Gefühl des Risikos.

Ich könnte auch das Bergsteigen nennen. Trotz der zahlreichen Unfälle reizt es die Menschen, gewagte Touren zu unternehmen. Oben angelangt zu sein, das Gefühl, es geschafft und den Berg „bezwungen" zu haben, den großartigen Rundblick zu genießen, all das belohnt die Mühen der Anstrengung und rechtfertigt das Risiko. Ich habe einen hohen Respekt vor allen, die ein Risiko eingehen.

Und noch ein letztes Beispiel: Ich glaube, dass viele von Ihnen Motorrad fahren. Es ist doch etwas Schönes, mit einem Motorrad loszuflitzen, sich in die Kurven reinzuhängen. In meinem Beruf wäre das allerdings Risikosport. Das Risiko zu hoch. So wichtig es ist, Risiken auf sich zu nehmen, wenn man etwas leisten oder das Leben auskosten will: es bedarf dann auch wieder der Klugheit und Verantwortung. Und auch der Haftung. Wenn ich ein Risiko eingehe, muss ich auch für die Konsequenzen klar stehen und bereit sein, sie auf mich zu nehmen. Wer aber kein Risiko mehr eingeht, ist ein „Leimsieder", und damit treiben wir weder unsere Bundesrepublik noch die Welt um.

Wir brauchen die Bereitschaft zur vollen Eigenverantwortung für das, was wir tun. Niemand kann
sie mir abnehmen. Und ich mag sie vor allen
Dingen auch nicht abschieben. Wenn ich mich
nicht gut fühle, wenn ich das Gefühl habe,
vielleicht krank zu werden, dann sehen Sie mich
noch lange nicht beim Arzt, und zwar zunächst
aus einem ganz einfachen Grund: Wer einmal
einem Doktor in die Hände gerät, kommt so
schnell nicht mehr heraus! Selbst in den best-
geführten Krankenhäusern müssen Sie darauf
achten, dass Sie Ihre eigene Gesundheit noch in
der Hand behalten. Das ist nun einmal so. Und ich
bin froh, dass ich diese Eigenverantwortung habe
und wahrnehmen kann.

Dagegen gibt es ganz anders geartete Menschen.
Wenn sie sich nicht wohl fühlen, kommt sofort der
Ruf: wo gibt es Hilfe, wo kann ich etwas einfor-
dern, wo gibt es ein Formular, mit dem ich Geld
anfordern kann? Es ist das genaue Gegenteil von
Eigenverantwortung.

Mitverantwortung

Nur wer ein Gespür entfaltet und entwickelt hat für
Eigenverantwortung, wird auch seine Mitverantwortung wahrnehmen können. Mitverantwortung
ebenso wie die Eigenverantwortung entsprechen
dem Menschen als von Natur aus sozialem Wesen.

Der Mensch ist nie für sich allein geschaffen, sondern der Mensch ist von Haus aus ein soziales Wesen – wie schon der griechische Philosoph Aristoteles gesagt hat, lange bevor die Botschaft der christlichen Nächstenliebe gekommen ist. Der Mensch ist von Natur aus auf die Gesellschaft und das Gemeinwesen überhaupt veranlagt.

Diese Mitverantwortung können Sie in einem mittelständischen Unternehmen hautnah erfahren. Sie erleben konkret, wie Sie für das Unternehmen ganz selbstverständlich verantwortlich sind, zunächst für den Erfolg, auch für den finanziellen Erfolg. Denn ein Unternehmen ist zunächst kein Sozialinstitut, kein Sozialhilfeinstitut, sondern es muss etwas erwirtschaften. Das sind Sie auch Ihren Mitarbeiterinnen und Mitarbeitern schuldig, die das Ihre zum Erfolg beitragen. Aber Sie erleben auch die Auswirkung aller Anweisungen auf Ihre Mitarbeiter, sie bekommen deren Wohl und Wehe mit.

Wenn ich Eigenverantwortung und Eigenleistung einfordere, wird mir das hin und wieder verübelt. Ein Kirchenmann müsse ja sozial eingestellt sein und den Armen helfen, das heißt: austeilen. In meinen Augen besteht die soziale Verantwortung darin, die Voraussetzungen dafür schaffen, dass sich jeder selber erhalten und entfalten kann – das nenne ich sozial.

Der Einsatz für andere ist allerdings nicht nur ein Opfer. Ich habe bei unseren Meistern in meinem Kloster St. Ottilien erlebt, wie beglückend es sein kann, Lehrlinge auszubilden, Gesellen zu haben. Das kostet zwar Arbeit und kostet Einsatz. Aber das erhält einen Meister jung und frisch. Die Herausforderung, wegen der jungen Menschen immer neu denken und sich mit ihren Ideen auseinandersetzen zu müssen, wird auch Ihren Betrieb weiterbringen. Denn damit „verhocken" Sie nicht und landen Sie nicht im Ghetto. Unsere Meister beteuerten mir immer wieder, wie wichtig für sie Lehrlinge seien. Ich wünschte, manche unserer Topmanager wären ständig so herausgefordert wie Sie in Ihren kleineren Unternehmen.

Noch ein weiterer Gesichtspunkt: Ich habe vor einiger Zeit für katholische CEOs in den USA einen Vortrag gehalten und erklären müssen, wer wir Benediktiner sind. Ich habe ihnen gesagt: „Wissen Sie, wir haben wenig Geld, das müssen wir alles selber erwirtschaften, und das ist der Unterschied zu Ihnen. Aber das Bisschen, das wir haben, vor allen Dingen unsere Energie, die investieren wir in die Zukunft junger Menschen. Und da kommt wesentlich mehr Rendite heraus als von dem Geld, das Ihr bei den Lehman Brothers investiert habt."

Also spüren sie die Verantwortlichkeit ganz anders als die Finanzmanager. Ich bin gar nicht so überzeugt, dass wir aus dieser Krise jetzt großartig lernen. Sondern es wird auf Sie an der Basis ankommen. Denn wenn man jetzt schon wieder aus den Medien mitbekommt, dass unsere Banken von der Bundesbank oder sonst woher billige Kredite bekommen, selber aber Kredite nur zu zwölf Prozent weitergeben und Ihnen für Ihre Bankeinlagen, für Ihre Sparkonten nur ein bis zwei Prozente geben, dann stoßen sich in erster Linie die Banken wieder gesund. Ich möchte natürlich nicht verkennen, dass wir gesunde Banken mit dem nötigen Eigenkapital brauchen, wenn unsere Wirtschaft wieder florieren soll.

Vorteile mittelständischer Unternehmen

Und jetzt noch einmal ganz speziell zu den mittelständischen Unternehmen. Das ist in meinen Augen das menschlichste Lernfeld der Arbeit. Wir Klöster sind etwas Ähnliches, und unter anderem bin ich deshalb auch gern in ein Kloster gegangen. Ein mittelständisches Unternehmen ist überschaubar. Dort erfahren Sie Qualität, denn dort sehen Sie noch etwas. Wir meinen immer wieder: Bei der Größe oder im Großmanagement kann man alles besser machen. Für Vieles brauchen wir das auch, für 08/15-Produkte.

In dem überschaubaren Bereich haben Sie als Arbeiterinnen und Arbeiter einen unverwechselbaren Platz. Sie wissen, wer Sie sind und was Sie tun. Sie haben einen Bezug zu Ihrem Einsatz und zum Ergebnis. Sie sehen im Vergleich zur Arbeit am Fließband, was das Ergebnis Ihres Einsatzes ist. Sie können natürlich die Fließbandkette in Profit Units herunterbrechen. Aber das Besondere am Handwerk ist dieser Bezug zu dem, was Sie tun, zum Ergebnis.

Dort steht der Mensch im Mittelpunkt. Im Miteinander erfahren Sie, dass Sie aufeinander angewiesen sind, jeder auf jeden. Sie werden auch merken: Es gibt ganz unterschiedliche Qualitäten von Menschen. Und Sie werden auch die Schwächeren mittragen, und es gibt Meister, auch junge, die ihnen gegenüber besonders sensibel sind.

Wir sind nicht gleich, wie immer wieder behauptet wird. Wir sind gleichwertig als Menschen. Das ist etwas anderes. Deshalb müssen wir allen die Chance geben, sich so gut wie möglich zu entfalten. Wenn der Einzelne den rechten Beruf gefunden hat, kann er darin sehr viel leisten, nicht aber in irgendwelchen Traumberufen. In einem Lehrbetrieb und einem kleineren Unternehmen sind Sie aufeinander angewiesen. Sie schenken und werden beschenkt. Gerade als Chef ist es Ihre Aufgabe, auch ein Auge zu haben, wie viel andere bringen. So werden Sie viel Freude erleben können. Das ist wie in Ihrer Familie, wenn der kleine Sohn, die kleine Tochter ankommt: „Papa, schau mal!" So sind oft auch Ihre Mitarbeiterinnen und Mitarbeiter. Schau mal, das was ich geleistet habe. Sie freuen sich, dass sie etwas eingebracht haben. Haben Sie ein Auge und ein Ohr dafür. Und nehmen Sie sich dafür auch einmal Zeit. Und schenken Sie Lob! Dann werden auch Sie gelobt. Sie brauchen keine Anerkennung suchen. Je mehr Sie Anerkennung schenken, desto mehr erfahren Sie selbst.

Das gilt vor allem für das Vertrauen. „Vertrauen ist gut", sagt man, „Kontrolle ist besser": Der Spruch stimmt nur zum Teil. Zwar brauchen wir eine gewisse Kontrolle, vor allem eine Qualitätskontrolle. Denn der Mensch neigt von Natur aus auch zur Trägheit, und er muss immer wieder angestachelt werden, sich selbst und sein Tun zu kontrollieren. Aber schauen Sie, dass Sie Vertrauen schenken, damit Sie ein Klima des Vertrauens schaffen, nicht ein Klima der Angst. Angst tötet, demotiviert. Angst erzeugt Krankheit.

Als ich vor über dreißig Jahren als Abt in meinem Kloster angetreten bin, hatte ich vor allem als wesentliches Ziel im Auge: ein angstfreies Kloster. Und sagen Sie sich bitte auch: was ich anfange, zum Beispiel der Betrieb, den ich übernehme oder den ich selber beginne, ich möchte ein angstfreies Unternehmen. Damit tun Sie vielen Menschen etwas Gutes und sich selbst auch.

Natürlich sind Sie dann stark gefordert, wenn Sie sich dieses Ziel vornehmen. Doch der Mensch muss im Mittelpunkt stehen – als Mitarbeiterin, als Mitarbeiter, als Lehrling, als Geselle, aber auch Sie selbst. Alle stehen als Menschen im Mittelpunkt. Es kommt mir immer auf die Achtung vor den Menschen an. Der Mensch ist kein Arbeitspotential. Er ist ein Individuum mit vielen und wunderbaren Fähigkeiten.

Persönliche Souveränität

Dazu verlangt eine gehörige Portion an Souveränität. Es gibt für die Mitarbeiter nichts Wohltuenderes als „souveräne Typen", als solche souveränen Menschen zu erfahren. Jemanden, der über den Dingen steht, der auszutarieren weiß, der zu kalkulieren versteht, was wichtiger, was weniger wichtig ist, der immer auch die nötige Geduld aufbringt, gerade manch einem muss man eben immer wieder beibringen, dass 2 x 2 nicht 5 ist. Wir hatten einen solchen Mathematiklehrer an unserer Schule, und wir begabteren Schüler haben nicht gemeckert, sondern uns mitgefreut, dass er in seiner Geduld die Schwachen mitgenommen hat.

Wer souverän ist, weiß, was er will, und kann warten. Er oder sie zeigt ein Gespür für den rechten Augenblick. Auch in der Erziehung, wo Sie den Kindern zuschauen müssen und sich sagen: „Das vergeht wieder. Ich war auch nicht immer der Schlaueste und Bravste. Aber es ist sehr schön gewesen, auch einmal dumm sein zu dürfen und gelegentlich über die Stränge zu schlagen." Wenn Leute sich über unsere Schülerinnen und Schüler oder auch über die jungen Mitbrüder empört haben, habe ich immer wieder gesagt: „Menschenskinder, habt ihr vergessen, dass ihr auch einmal jung wart? Und es war doch so schön."

Als souveräner Mensch behalten Sie auch den Überblick. Als souveräner Mensch brauchen Sie die Distanz zu Ihrer eigenen Position und zur Macht. Sie tragen Verantwortung. Wir brauchen Menschen, die in Verantwortungspositionen stehen, aber keine Machtmenschen sind. Es ist bedrückend, wenn Sie dieses Gespür haben, da ist einer, der hat eine Sucht nach Anerkennung und nach Macht. Das ist ein ewig zu kurz Gekommener. Es gibt solche „Typen". Das geht zum guten Teil zurück bis in die Erziehung in der eigenen Familie. Wenn eine Mutter und ein Vater einem Kleinen schon mitgeben, was er wert ist, und ihm auf die Schulter klopfen, wird er oder sie dann auch das nötige Selbstwertgefühl ins Leben bringen.

Das brauchen wir, diese Distanz zu uns selbst, und die Fähigkeit zu sagen: „Ich bin gar nicht so wichtig." Und je weniger wichtig ich bin, umso schöner ist das Leben, umso freier bin ich. Ich muss mich nicht die ganze Zeit beweisen. Das befreit. Dann kann ich auch das rechte Maß walten lassen, „die Mutter aller Tugenden", wie der heilige Benedikt gesagt hat: „Der Abt richte alles so ein, dass die Starken finden, wonach sie verlangen, und die Schwachen nicht davon laufen." In der Regel des heiligen Benedikt wird auch mit Schwachen gerechnet, haben auch die Schwachen einen Platz. Und den Versagern wird noch vergeben.

Und Benedikt fährt fort: „Wenn ich meine Herden unterwegs überanstrenge, werden alle an einem Tag zugrundegehen." Auch diese Klugheit der maßvollen Unterscheidung, nämlich zu fragen: wie viel kann ich jetzt fordern?, macht den souveränen Menschen aus. Ich kann nicht, auch wenn ich es noch so gerne hätte, in einem Unternehmen die Leute unter Druck setzen, als müsse jetzt auf „Teufel komm raus" alles sofort und auf einmal geschafft werden. Zeit lassen, einen Zeitplan aufstellen und versuchen, diesen einzuhalten.

Natürlich müssen Sie der „Leithammel" sein. Aber genau der schaut immer wieder um: Wo bleibt meine Herde? Kommt sie mit? Und Benedikt gibt dem Abt noch den besonderen Rat: „Er sei nicht stürmisch und nicht ängstlich, nicht maßlos und nicht engstirnig, nicht eifersüchtig und nicht allzu argwöhnisch, sonst kommt er nie zur Ruhe." Ein wunderbarer Rat, um auch als Führungsperson noch Mensch zu bleiben.

Zu dieser Souveränität gehört auch die persönliche Balance von Arbeit und Freizeit. Sie brauchen die freien Minuten, um sich zu erholen. Wir wollen keine Workaholiker sein. Das Gegenteil wären die Müßiggänger. „Müßiggang", sagt Benedikt, „ist der Feind der Seele." Man kann sich auch ans Nichts-Tun gewöhnen. Ich glaube aber, etwas zu arbeiten, mit den eigenen Händen, und den Erfolg zu sehen, bereitet echt menschliche Erfüllung.

Arbeit – Freizeit – Familie

Sie brauchen die Freizeit. Wir wollen und sollen das Leben ja auch genießen. Ich selber genieße das Leben auch bei einer schöpferischen Tätigkeit. Wenn ich Musik mache, wenn ich intensiv übe, dann kann das einer mühevollen Arbeit gleichkommen, bis ich wieder den toten Punkt überwunden habe. Aber genau das macht dann die

Freude auch aus. Sie ist die Folge einer Leistung. Das gilt auch, wenn ich tagein, tagaus an einer Fremdsprache weiter studiere. Auch mir fällt nichts in den Schoß. Ich muss hart und kontinuierlich üben. Die Freude am Erfolg motiviert.

Und vergessen Sie bitte auch nicht die Familie trotz aller Arbeit. Es ist nicht immer leicht für einen Mann, wenn er abends nach Hause kommt und zunächst einmal seinen Frust abladen möchte, und dann eigentlich die Frau es ist, die ihren Frust abladen möchte, und die Kinder dem Papa zeigen wollen, was heute alles gelaufen ist. Oder: Wenn die Mutter dem Vater sagen muss: „Du, die Schulaufgabe der Kleinen ist wieder daneben gegangen", und so manche andere Unannehmlichkeiten.

Wenn Sie ein Herz in Ihrer Familie entwickeln, werden Sie auch in Ihrem Betrieb, in Ihrem Unternehmen ein Herz haben für Ihre Mitarbeiterinnen und Mitarbeiter, für die Kolleginnen und Kollegen. Das Herz, das Sie in Ihrer Familie entwickeln, werden Sie auch in Ihrem Betrieb rüberbringen und menschliche Wärme weiterschenken.

Mut zur Zukunft

Nicht immer schaut es allerdings so rosig aus. Daher noch kurz die Frage: Was aber, wenn es nicht gelingt? Denn wir haben unsere Zukunft nicht in der Hand. Zunächst einmal bin ich davon überzeugt, Sie haben mit Ihrer Ausbildung und Ihrer Bildung, die noch mehr ist als Ausbildung, bereits einen Grund gelegt; Sie haben etwas in der Hand, ein Kapital, das mehr wert ist als eine Menge Geld. Damit ist die Zukunft am ehesten zu meistern.

Sie dürfen nie aufgeben. Sie müssen einfach immer wieder probieren – flexibel sein, lernen, weiter lernen. Und wenn es in der einen Richtung nicht geht, dann versucht man es in der anderen. Die Italiener sind bestimmt keine Heiligen, aber ich habe immer wieder gestaunt, wie flexibel und selbstständig sie in Vielem sind. Schon in den 60er Jahren hatten so und so viele bereits zwei oder drei Jobs zur gleichen Zeit. Eben um leben zu können. Sie haben es nicht als Jobs, sondern als Berufe bezeichnet.

Haben Sie den Mut und dieses Selbstvertrauen: „Irgendwie werde ich es schaffen." Ich muss nicht, ich habe nun einmal nicht die Sicherheit. Freiheit bedeutet Unsicherheit, ob ich mag oder nicht. Es ist dann wichtig, auch Freunde zu haben, auch in der Familie gestützt zu werden. Als mein Vater mit 56 Jahren arbeitslos wurde und für drei Jahre arbeitslos blieb, wurde er von der ganzen Familie mitgetragen. Wir haben uns gemeinsam dafür eingesetzt, dass er nochmals eine Arbeit gefunden hat.

Wie gesagt, eine Garantie in Beruf und Familie gibt es nicht. Es sei denn eine Allerletzte, dass wir als gläubige Christen noch ein gutes Stück Gottvertrauen haben. „Hilf dir selbst, dann hilft dir Gott", lautet eine alte Lebenserfahrung.

Gerade auch zum jetzigen Zeitpunkt gilt im Bezug auf die Zukunft: Angst bringt nichts. Es gibt viele Pessimisten. Es gibt sogar so etwas wie Berufspessimisten, habe ich den Eindruck. Ich habe kürzlich irgendwo einen Vortrag gehalten für tausend Zuhörer, sie fühlten sich alle animiert, und was schreibt dann ein Journalist? Er gibt zunächst den Inhalt treffend wieder, und am Schluss resümiert er: „Es wird aber letzten Endes so sein wie bei den Reden Köhlers – bewirken tun sie nichts." Das sind diese Berufspessimisten, die alles in die Pfanne hauen. Am liebsten hätte ich ihn gefragt: „Lieber Journalist, was willst denn du? Was erwartest du?" Er wird mir die Antwort schuldig bleiben, und ich füge hinzu: „Mit dieser Haltung wirst du unser Volk erst recht nicht weiterbringen."

Ich warte nicht auf bessere Zeiten, ich sorge selber dafür, dass bessere kommen. Als mir bei meinen Engagements in China vorgehalten wurde,

ich solle warten, bis die Verhältnisse sich geändert hätten, antwortete ich: Ich warte nicht, bis
sich die Situation ändert, ich ändere sie selber.
Und das ist unsere Aufgabe. Diese Aktivität
gegenüber der Passivität der Pessimisten. Damit
konnte ich viel bewirken.

Wer durch sein Studium und seine Lehrzeit einen
Grund gelegt hat für sein späteres Leben, darf
mutig in die Zukunft blicken. Sie haben es in der
Hand, Ihre Zukunft, Ihr Leben zu gestalten.

2

Von der Kunst, Menschen zu begeistern und zu führen

Eine Festrede bei einem Neujahrsempfang

*Die christliche Vision
der einen globalen Welt,
in der jeder seinen Platz und seine
Verantwortung hat, als Einzelner,
wie als Kultur und Nation,
ist eine Vision, die begeistern kann.*

Verehrte Damen und Herren,

Danke für das viele Lob, mit dem ich schon im voraus überschüttet worden bin. Das ist gefährlich, weil dann die Erwartungshaltungen zu hoch geschraubt sein können. Danke auch für die Musik, besonders für das Flötensolo. Ich war übrigens mit „Feedback" nicht nur die Vorband zu Deep Purple, sondern war auch eingeladen worden, „Smoke on the Water" mit ihnen auf der Bühne zu spielen. Ein besonders Higlight.

Meine Damen und Herren, vorher hieß es ein paarmal, ich solle mal so richtig „drüberziehen" und ein wenig die Leviten lesen. Wem? Wir wollen immer anderen die Leviten lesen, nie uns selber. Ich möchte weder die Leviten lesen noch große Neuigkeiten berichten oder gar methodische Wege aufzeigen, so dass Sie anschließend wie mit einem Vademecum in der Hand die Wirtschaft und die Finanzen neu ankurbeln könnten.

Kritisches Denken

Was wir brauchen, meine ich, ist eine Besinnung, und die brauchen wir immer wieder neu. Wir sind denkende Wesen, das sollten wir nie vergessen. Die Finanzkrise ist unter anderem deshalb so gravierend ausgefallen, weil wir oder viele dieser Leute, die in der Verantwortung stehen, das Denken vergessen haben. Wie war es möglich,

dass bei den ganzen Kontroll- und Aufsichtsrats-
systemen das alles passieren konnte, ohne dass
die verantwortlichen Fachleute es bemerkt haben?
Es wurde erst bemerkt, als es zu spät war. Wo
bleibt das eigenständige, persönliche Denken? Sie
haben den Kopf verloren und sind wie Lemminge
hinterhergerannt, wenn es hieß, dort sei das große
Geld zu holen, statt selber ständig die Kontrolle zu
behalten und selber eigenverantwortlich zu
handeln. Es gab Mahner, aber die wurden nicht
beachtet. Das wäre etwas, was man von Hand-
werkern, besonders von Tüftlern lernen könnte:
stets kritisch zu fragen, selber zu denken, auch
wenn der Trend in eine bestimmte Richtung geht.
Eigenständige, denkende Menschen zu sein.

Meine ursprüngliche Spezialausbildung und auch
meine erste Beschäftigung bestand in der Philosophie. Ich habe dabei immer wieder den griechischen Philosophen Sokrates bewundert, der
nichts anderes getan hat, als Menschen in Frage
zu stellen. Immer wieder hat er nachgebohrt: Was
meinst du eigentlich? Meinst du wirklich, dass das
der richtige Begriff ist oder täuschen wir uns?
Dieser ewig Nörgelnde, möchte man fast sagen,
war in Wirklichkeit ein stets hinterfragender
Charakter. Uns hat das Hinterfragen gefehlt. Als
mir jemand sagte, ich solle in bestimmten
Papieren investieren, ich würde dort 25 % Gewinn

machen, antwortete ich: Wo soll das denn
erwirtschaftet und produziert werden außer durch
Spekulation? Abgesehen davon, dass ich nichts zu
investieren hatte und demnach später auch nichts
verlieren konnte. Mein Ziel besteht im Grunde
genommen darin: Menschen zum Denken bringen.
Es gibt schließlich ein paar einfache Grundregeln:
Zwei mal zwei wird nicht fünf, auch wenn es einer
noch so oft behauptet und andere mitziehen.
Hinterfragen und sich nicht beirren lassen – das
sind einfache menschliche Grundregeln.

Begeistern

Gehen wir weiter. Denn wie schon mein Vorredner
sagte, wollen wir nicht jammern. Gott sei Dank ist
ja die Stimmung in unserem Volk trotz allem noch
positiv. Aber wir brauchen mehr: ein begründetes
positives Denken. Wir brauchen mitten in dem
Ganzen Menschen, die uns Orientierung vermitteln und uns und andere begeistern können.
Daher lautet unser Thema: Die Kunst, Menschen
zu begeistern.

Sie wissen aus Erfahrung, wie erfrischend es ist,
mit jemandem zusammenzuarbeiten, der begeistern kann, oder überhaupt solche Leitfiguren zu
erleben. Wir haben derzeit in unserer Welt ein
Musterbeispiel für jemanden, der begeistern kann:
Barack Obama. Vielleicht können wir an ihm

ersehen, was die Faktoren sind, die zur Begeisterung führen. Denn er begeistert ja nicht nur die
Menschen seines Landes, sondern weit darüber
hinaus auch viele andere. Er ist der Hoffnungsträger, er ist geradezu eine Projektionsfigur. In
Amerika hoffen alle darauf, dass endlich einmal
Amerika wieder Anerkennung findet. Es geht um
das große Bild von den Vereinigten Staaten, das
so sehr unter George W. Bush gelitten hat, und
zum Teil schon vorher. Der große Glanz ist
abhanden gekommen. Amerika stand für die freie
Marktwirtschaft schlechthin, und jetzt übernimmt
auf einmal der Staat große Banken. Das freie
Unternehmertum gleitet ab in die Staats-
wirtschaft.

Obama ist noch in einer anderen Hinsicht zum
Hoffnungsträger geworden, und zwar weit über die
USA hinaus, bis nach Afrika. Endlich sind die
Schwarzen, die Afroamerikaner und Afrikaner, in
der Gegenwart angekommen. Auch bei uns in
S. Anselmo haben die afrikanischen Studenten
Luftsprünge gemacht. Wir können uns gar nicht
vorstellen, wie sehr die Unterdrückung und
Herabwürdigung aus der Kolonial- und Sklavenzeit
nachgewirkt haben, und zwar ganz unterschwellig.
Ich konnte immer wieder einen Inferioritäts-
komplex der Afrikaner und einen Superioritäts-
komplex der Europäer feststellen. Denn wir

glauben nicht, wie tief die Vorurteile in uns stecken und diese Menschen nicht ganz ernst nehmen. Und jetzt ist plötzlich einer von ihnen ganz oben angelangt. Es ist nur zu hoffen, dass die Erwartungen nicht allzu hochgeschraubt werden, so hoch, dass er sie nie wird erfüllen können und manche enttäuschen wird, wenn er hart durchgreifen muss. Jedenfalls kann er die Menschen faszinieren, er vermittelt eine neue Hoffnung, eine neue Zukunftsträchtigkeit. Er kann im wahrsten Sinne des Wortes „be-geistern".

Denn dieser Begriff kommt noch aus der alten, griechischen Mythologie. Götter und Geister befallen den Menschen, der Mensch bekommt einen neuen Geist, der ihn treibt. Daher kommt unser Wort „Enthusiasmus", „Inspiration". Ähnlich war es auch bei den Männern und Frauen beim Pfingstfest. Die Apostel, die bei der Festnahme und nach dem Tode Jesu von der Angst gepackt waren, sich hinter verschlossenen Türen auf- hielten, haben auf einmal neuen Mut bekommen, die Türen aufgesprengt und sind hinausgegangen zu den Menschen. Sie sind plötzlich mutig geworden, weil sie begeistert im wahrsten Sinn des Wortes waren. Der Geist war auf sie herab- gekommen.

Es gibt ein weiteres Wort dafür: die Faszination, fasziniert sein. Das bedeutet übersetzt: gefesselt sein, in Bann geschlagen sein. Das wiederum kann gefährlich werden, wenn das eigene Denken aussetzt. Bei aller Begeisterung und Faszination darf das selbstständige, kritische Denken nicht ausgeschaltet werden.

Vorbilder

Aber wir brauchen Vorbilder, die inspirieren, die begeistern. Wir Menschen werden von Vorbildern geprägt, gerade in unseren jungen Jahren. Der Verhaltensforscher Konrad Lorenz hat die Prägung vom frühen Kindesalter unterstrichen. Junge Menschen brauchen Vorbilder, mit denen sie sich identifizieren können; sie werden sie sich selber suchen, wenn wir sie ihnen nicht geben: Fußballer, Musiker, Filmschauspieler. Alexander Mitscherlich sprach von der „vaterlosen Gesellschaft", einer Gesellschaft, der die Väter abhanden gekommen sind, die ihre Kinder herausfordern und mehr noch Vorbilder für sie sind, an denen sie die Werte ablesen können, die ihnen durch ihr Vorbild Orientierung geben. Vorbilder müssen nicht kopierbar sein, aber sie verkörpern Werte und Ideale. Ich könnte als Beispiel Johannes Paul II. nennen, der Millionen von jungen Menschen Hoffnung und Zuversicht schenkte.

Obama ist in diesem Sinne eine Symbolfigur geworden. Blicken wir nun nach Europa. Wo haben wir hier Menschen, die uns eine Vision für die Zukunft schenken und Symbole für die Einheit bilden? Wo haben wir Leute, die uns begeistern können für die Einheit und Entwicklung der angewachsenen Europäischen Union? Wir haben eher Leute, die ent-geistern können. Technokraten sind zwar notwendig, werden aber Menschen nicht auf ein Ziel hinführen können.

Nach dem Zweiten Weltkrieg hatten wir glücklicherweise das Dreigestirn Konrad Adenauer – Alcide de Gasperi – Robert Schuman. Sie wollten nach dem menschlichen und völkischen Desaster des Krieges eine neue Welt, zunächst ein neues Europa aufbauen. Nie wieder sollte Krieg in Europa möglich sein. Schrittweise konnte die Zusammenarbeit in Westeuropa wachsen, daraus ist eine EWG entstanden und schließlich die EU mit der Eingliederung östlicher Staaten. Der wirtschaftliche Aspekt rückte dabei immer mehr in den Vordergrund. Staaten, die wirtschaftlich voneinander abhängig sind, können nicht mehr gegeneinander Krieg führen. Aber wir sehen heute, dass die Idee eines geeinten Europas unterschiedlich verstanden wird. Wir brauchen wieder Menschen, die Europa eine ideelle Basis geben, eine Basis, die über die technokratischen Verordnungen aus Brüssel hinausgehen, eine Basis, welche die unterschiedlichen Kulturen berücksichtigt, sie zusammenführt, ohne ihre Werte mit säkularisierten Vorstellungen einzuebnen.

Wenn es um die Frage der Integration neuer Länder geht, dann brauche ich eine Idee für Europa. Wir haben jetzt Länder in die EU aufgenommen, in denen die orthodoxen Kirchen das tragende geistige Fundament sind, sei es Griechenland, Rumänien, Bulgarien. Wir haben aber nicht bedacht, dass die orthodoxen Kirchen keine Aufklärung durchstanden haben wie die abendländischen Kirchen. Der orthodoxe Glaube ist unhinterfragte Tradition und bestimmt die Wertvorstellungen. Noch schwieriger wird es bei einer etwaigen Integration der Türkei. Menschenrechte wie Religionsfreiheit, Toleranz und Selbstbestimmung von Minderheiten werden dort anders verstanden als bei uns. Wenn Ministerpräsident Erdogan im Kölner Stadion seine Landsleute aufruft, sich nicht zu integrieren, dann frage ich mich, wie er darauf drängen kann, dass die Türkei in die EU aufgenommen wird. Es hilft auch nicht weiter, wenn im vorauseilenden Gehorsam Richter meinen, für islamische Mitbürger könne in unserem Lande die Scharia gelten.

Dialog

Zur Bewältigung dieser Probleme gibt es nur einen Weg: den des Dialogs. Der politische Dialog muss durch einen interkulturellen Dialog begleitet werden, wollen wir die unbewussten Vorbehalte angehen. Anders können wir nicht zu einer Zusammenarbeit und zu einem friedlichen Miteinander gelangen. Ein solcher Dialog ist alles andere als leicht. Wir westliche Menschen unterliegen dabei der Gefahr, einen aufgeklärten Religionsbegriff auf andere Religionen und Glaubensvorstellungen zu projizieren. Für einen Muslim bedeutet der Glaube die gesamtmenschliche Lebensgestaltung, beinhaltet also auch das gesellschaftliche und politische Leben. Für einen Orthodoxen gilt Ähnliches, wenngleich nicht in diesem Maße. Wir mögen das „Fundamentalismus" nennen, weil der Glaube die unhinterfragte Basis für alles darstellt. Das galt früher auch für die westlichen christlichen Kirchen, und selbst dort sind heute noch ähnliche Tendenzen feststellbar, bei den evangelikalen Kirchengemeinschaften ganz besonders. Wir müssen überall darauf hinarbeiten, dass der Glaube sich auch vor der Vernunft ausweisen und rechtfertigen muss. Beide stammen von Gott. Das ist das große Programm Benedikts XVI.: Glaube und Vernunft müssen zueinander finden und miteinander gehen. Sie können sich nicht ineinander auflösen. Glaube ohne Vernunft wird zum Fundamentalismus oder Aberglauben, Vernunft ohne Glauben wendet sich gegen den Menschen. Ihr fehlt die gesamtmenschliche Basis. Wir dürfen die verschiedenen Glaubensvorstellungen nicht einebnen – dagegen wenden sich Strenggläubige aller Religionen –, sondern müssen lernen, in gegenseitigem Respekt vor den andersartigen Auffassungen miteinander zu leben. Das ist meine Erfahrung im interreligiösen Dialog, den wir Benediktiner seit 1979 mit den Zen-Buddhisten Japans führen und nun auf den Islam ausdehnen.

In diesem Zusammenhang ein kleiner Einschub: Vor drei Jahren wurde ich vom damaligen Senatspräsidenten Italiens, Marcello Pera, zu einem Gespräch über Europa eingeladen. „Ihr Benediktiner", sagte er, „habt Europa mit aufgebaut. Welche Vision habt ihr heute von Europa? Heute haben wir überhaupt keine führenden Köpfe mehr in Europa. Es gibt nur mehr einen, der sehr wohl Vorstellungen und eine Vision hat: Papst Benedikt XVI. Ohne eine Vision, was Europa eigentlich sein soll, geht nichts. Es fehlen uns die führenden Köpfe." Wir brauchen eine Vision für Europa. Pera ist übrigens kein bekennender Katholik, sondern ein Agnostiker, einer, der sich aller weltanschaulicher Bindung enthalten will, aber die Probleme klar formuliert.

Wir brauchen eine Vision für Europa. Aber was verstehen wir darunter? Wir sehen, eine Wirtschaftsunion reich nicht mehr, ebensowenig ein rein technokratisches Gebilde. Welche Werte bestimmen die Anweisungen Brüssels? Mir liegt es ferne, die dortigen Beamten an den Pranger zu stellen. Sie sind von dem rein technokratischen Denken mitgeprägt. Die Franzosen sind Zentralisten und werden unser Anliegen der Subsidiarität nie verstehen. Dabei ist Subsidiarität ein urchristlicher Gedanke. Er betont die eigenständige Verantwortung. Nichts soll auf höherer Ebene entschieden werden, was auf der unteren geschehen kann. Wir können uns nicht von einem pseudo-europäischen Staat alles vorschreiben lassen, auch wenn das unbequem sein mag. Die Nationalstaaten müssen ihre Eigenverantwortung wahrnehmen, sind dafür aber auch zu starker Zusammenarbeit aufgerufen. Die Holländer haben gegen die Konstitution für Europa gestimmt, weil sie Angst hatten, in einem Riesentopf unterzugehen, die Iren ebenso. Nur in einer Vision, in der die Nationalstaaten ihre Eigenständigkeit bewahren, wird ein geeintes Europa möglich sein.

Es gibt Leute, die immer wieder meinen, der Zentralismus sei die Lösung; denn es sei doch viel einfacher, alles von einer Zentrale aus zu steuern. Der Zentralismus ist vom Teufel, und ich kann Ihnen auch sagen, warum. Der Zentralismus ist der Versuch, die Menschen zu entmenschlichen. Ein Computer kann zwar alles zentral steuern – und das ist die stille Hoffnung. Dann spielen aber die Menschen, die Individuen, keine Rolle mehr. Sie haben nichts mehr zu melden, sondern müssen sich fügen. Sie werden entmündigt. Schauen Sie sich die sozialistischen Staaten an. Es gibt keine individuelle Freiheit mehr, alles wird von oben her geregelt. Der Einzelne hat nichts mehr zu melden.

Viele glauben sogar daran, nicht nur die Kommunisten und Sozialisten. Sie glauben, Zentralismus erleichtere die Dinge, alles gehe besser und billiger, weil man von oben her den besseren Überblick habe. Das geht bestenfalls in einem kleinen Bereich. Bis in einem großen Gebilde die neue Information von unten nach oben gelangt, haben sich die Verhältnisse an der Basis schon geändert, und erst recht, bis die Anweisungen von oben nach unten gelangen. Das Versagen der sozialistischen Volks- und Planwirtschaften hat es überdeutlich gezeigt.

Der Zentralismus ist der stille Versuch, Macht über andere Menschen zu gewinnen. Ebenso wird still vorausgesetzt, dass sie nicht wissen, worum es eigentlich geht. Sie werden de facto für dumm gehalten. Der Zentralismus kann ganz unbewusst zu einer Menschenverachtung ausarten. Mit großer Sorge sehe ich bei den ganzen Bemühungen unserer Regierung, das Bankensystem funktionstüchtig zu erhalten, und den Konjunkturprogrammen den Versuch, die Wirtschaft zentralisiert zu steuern. Dabei haben wir gerade in Deutschland die Erfahrung, dass dieses System nicht funktioniert, dass der Staat noch nie der beste Wirtschafter war. Schauen Sie auf die Landesbanken. Da sitzen viele Staatsvertreter mit in den Führungsgremien. Ich habe nicht den Eindruck, dass solche Staaten die besten sind, die alle wirtschaftliche Verantwortung an sich ziehen. Im ökologischen Bereich ist viel von Nachhaltigkeit die Rede. Wie sieht es mit den jetzigen Schulden aus, die der Staat der nachfolgenden Generation aufbürdet? Wie sieht es da mit der Nachhaltigkeit aus? Eigentlich hoffen wir, dass durch die teuren Konjunkturprogramme Investitionen erfolgen und neue Gewinne erzielt werden. Aber das ist noch lange nicht gesagt. Die Banken, die jetzt an billiges Geld kommen, halten mit Krediten an die Wirtschaft zurück. So erfolgversprechend ist diese Vision unserer Regierung keineswegs. Wir bräuchten wieder eine Vision, wie wir, z. B. beim Handwerk, von unten her die Dinge ankurbeln könnten.

Und nochmals: Menschen, die begeistern

Um wieder zum eigentlichen Thema zurückzukommen: Wir brauchen bei allem wieder Menschen, die begeistern können. Wir kennen durchaus solche Vorbilder. Johannes Paul II. konnte Massen bewegen. Selbst einem mehr gebrechlichen Mann wie Johannes XXIII. flogen die Menschen zu, obwohl man ihn anfangs belächelt und gemeint hat, er sei nur ein Übergangspapst. Es waren seine Einfachheit und Liebenswürdigkeit, die bestachen. Niemand hätte auch gedacht, dass Benedikt XVI. so ankommen würde, selbst wenn die Begeisterung nördlich der Alpen nachgelassen hat. Viele schätzen seine Zurückhaltung, seine Aufrichtigkeit und seine Geradlinigkeit. Oder denken wir an Musiker wie Karajan und Anne Sophie Mutter. Unserer Nationalmannschaft ist es bei der Fußballweltmeisterschaft gelungen, ein ganzes Volk in Bewegung zu bringen. Sie haben Deutschland wieder den Mut gegeben, ihre Fahne zu zeigen. Den Gästen fiel angenehm auf, dass die Deutschen in froher, gelockerter Stimmung, ohne einen Hauch von Arroganz, feierten.

Bei den Politikern werden wir allerdings vergebens nach solchen Zugpferden Ausschau halten. Die Politik begeistert niemanden, die große Koalition ist eher eine Politik der Profillosigkeit. Vielleicht ist im Moment auch nichts anderes möglich. Frau Merkel muss ja die Quadratur des Kreises versuchen, und ich bestaune sie, dass es ihr gelingt, die Regierung über diese Jahre hinweg zusammenzuhalten. Das kann vermutlich nur eine Frau.

Wir hatten durchaus Politiker, die begeistern konnten, Konrad Adenauer, der die Bundesrepublik mit aufgebaut hat, Ludwig Erhard, den geistigen Vater der sozialen Marktwirtschaft. Diese Menschen waren getragen von Visionen, von Visionen, die durch ihre christlichen Überzeugungen geprägt waren. Ich meine, es hat nichts mit Überheblichkeit zu tun, wenn ich diese Überzeugungen auch für die Gegenwart für notwendig erachte. Sie werden einfach der Natur des Menschen gerecht. Es war Ludwig Erhard ein Anliegen, dass jeder Einzelne Gerechtigkeit erfahre. Jedem solle soziale Gerechtigkeit geschenkt werden. Aber es wird auch jeder Einzelne gefordert, zunächst einmal etwas zu leisten und zu erwirtschaften, um dann aber auch soziale Verantwortung und Mitverantwortung an den Tag zu legen.

Deshalb gehe ich noch weiter und meine, wiederum ohne Überheblichkeit, dass wir diese Grundhaltung in die Globalisierung hineintragen müssen. Denn in China gilt allein „Reich werden", eine Art Manchester-Kapitalismus, der auf Kosten vieler Menschen geht, z. B. der armen Landbevölkerung. Nur das Ideal von Eigenverantwortung und Mitverantwortung wird dem Menschen gerecht und daher der Weg in eine menschliche Zukunft sein.

Unter Gerechtigkeit wird heute vielfach die absolute Gleichheit und Gleichbehandlung verstanden. Manche meinen ja, sie sei erst erreicht, wenn alle dasselbe Vermögen und Gehalt haben. Aber wir sind nun einmal verschieden. Geben Sie einigen Leuten tausend Euro und sehen Sie drei Wochen später nach, wo die Einzelnen angelangt sind. Der Eine wird sich sagen: Jetzt kann ich endlich einmal eine Urlaubsreise antreten und gibt das Geld aus. Der andere freut sich, etwas ansparen zu können, legt es an und kann sich einmal von den Zinsen etwas leisten. Der Dritte hingegen wird es einfach ausgeben. Es gibt eben auch Menschen, die kein Geld zusammenhalten können. Ein ähnliches Bespiel finden wir in der Bibel mit dem Gleichnis von den Talenten. Am Schluss wird der Ängstliche gescholten, der es aus Sicherheitsgründen vergraben hat, statt damit zu wirtschaften. Die Ungleichheit ist in der Natur angelegt, und wir müssen es akzeptieren, auch wenn uns die 68er die natürliche Gleichheit und das Gutsein von Natur aus gepredigt haben. Genau der Schwächeren wegen sind wir zu sozialer Mitverantwortung herausgefordert. Die Unterschiede betreffen nicht nur den Intelligenzquotienten, sondern auch die Motivationen, die Erwartungen und die Willensstärke.

Im christlichen Menschenbild haben alle Menschen den gleichen Wert, weil sie alle aus der

Hand Gottes stammen. Deshalb sind noch lange nicht alle gleich begabt oder haben dieselben Fähigkeiten. Chancengleichheit ja, aber jeder wird die Chancen anders nutzen und ein anderes Ergebnis erzielen. Jeder Mensch kann glücklich werden, aber ich muss nicht eine Star-Geigerin sein, um ein glücklicher Mensch zu werden. Das gilt eben für Anne-Sophie Mutter. Ein Schreiner kann genauso glücklich sein, wenn er einen wunderbaren Schrank gebaut hat. Gerade die Handwerker haben die Chance, am Abend zu sehen, was sie geleistet und geschaffen haben, während unsereins, der sich mit Pastoralproblemen zu befassen hat, am Abend eher frustriert sein kann. Menschen kommen mit Problemen, erwarten eine Lösung, und ich kann sie ihnen nicht geben. Oft weiß auch ich keinen Ausweg. Wie sehr ein Handwerker am Abend froh sein und seinen Feier-Abend antreten kann, habe ich bei meinem Vater erlebt, einem einfachen Schneider.

Kann man Begeisterung lernen?

All die genannten Menschen haben andere begeistert, und wir haben gesehen, dass jede Generation solche Menschen braucht. Kann man aber Begeisterung lernen? Wie macht man es, Leute zu begeistern? Es gibt Motivationstechniken, aber die eigentliche Begeisterungsfähigkeit muss im Menschen selbst sitzen. Es gibt Motivationstrainer. Das ist sicher gut so. Man kann bestimmte Fähigkeiten verbessern. Motivationstrainer sind in Ferienclubs tätig und treten als Spaßmacher auf, um der Langeweile zuvorzukommen. Man kann sicher lernen, wie man eine tolle Party ablaufen lässt. Ich kann auch lernen, wie ich die Motivation steigere, beispielsweise endlich anzufangen, statt ewig dazusitzen. Ich kann im Auto nicht ewig sitzen und überlegen, in welche Richtung ich fahren und welchen Gang ich einlegen soll. Sonst komme ich nie zum Fahren. Komplizierte Aufgaben gilt es zu splitten, es gilt Ziele zu visionieren, es gibt eine ganze Kette von Anweisungen und Möglichkeiten. Es gilt Mitstreiter zu finden. Allein schon die Vorstellung, welches Glücksgefühl mich erfüllt, wenn ich mein Ziel erreicht habe, kann motivieren und begeistern.

Man kann sich auch selbst begeistern. Wenn ich in der Frühe noch hundemüde aufstehe und wenig Lust zum regelmäßigen Frühsportprogramm habe, überwinde ich die Trägheit dadurch, dass ich mir vorstelle, wie gut es mir hinterher geht. Dazu hilft auch die anschließende Wechseldusche nach dem Stil von Pfarrer Kneipp: dreimal heiß und kalt. Das belebt nicht nur den Körper, sondern auch die psychische Stimmung. Mit guter Laune gehe ich Arbeiten anders an und kann andere Menschen leichter mitreißen.

Führungspersonen

Begeisterungsfähigkeit gehört eigentlich auch zu den Qualitäten einer Führungsperson. Das macht den Unterschied zum reinen Management oder zu einer Führungskraft aus. Auch im Arbeitsbereich geht es immer um menschliche und zwischenmenschliche Beziehungen. Der Mensch ist mehr als Arbeitspotential und will auch mehr sein. Das entspricht seiner Personwürde. Eine Führungsperson ist sich bewusst, dass sie es immer mit Menschen zu tun hat, nicht nur mit Arbeitsabläufen. Sie braucht so etwas wie eine Vision von Menschlichkeit. Wer sich verliert in Tüfteleien, wer die absolute Perfektion erreichen möchte, reißt niemanden vom Hocker, sondern demotiviert. Wer ein Programm bis ins Letzte durchdenken möchte und es nicht auch einmal drauf ankommen lassen kann, wird an der Wirklichkeit vorbeileben. Bis er mit seiner Planung soweit ist, ist alles überholt.

Verstand und Sachkenntnis reichen in diesem Falle nicht. Es muss die Emotion dazu kommen, der Mut, die Leistungsfreude. Die Emotion muss selbstverständlich von der Vernunft gezügelt und kanalisiert werden. Sonst wird aus Mut Waghalsigkeit. Einen Busch kann ich aber erst zurechtstutzen, wenn er ein Stück gewachsen ist. Genauso ist es mit unseren Emotionen. Sie dürfen nicht schon unterbunden werden, bevor sie überhaupt da sind. So kann ich dann auch die Vision in konkrete Pläne und Prioritätenlisten umsetzen.

Und doch brauche ich in der ganzen Ausbildungszeit immer wieder Muße und Freiheit. Ich muss sozusagen die Beine auf den Tisch legen, ins Blaue blicken und träumen können. In meiner Gymnasialzeit waren wir noch lange nicht so verschult wie heutzutage, da jeder Kultusminister meint, sich durch neue Curricula profilieren zu müssen. Und wo lernt ein junger Mensch das Zusammenspiel von Berechnung und Risikofreude? Beim Kartenspiel. Will er gewinnen, muss er sich genau überlegen, wo die Trümpfe sitzen, wie weit er gehen kann. Das Risiko ist sozusagen durch kluges Überlegen abgedeckt. Vor der Finanzkrise wurden die einfachsten Spielregeln außer Acht gelassen. Es wurden Finanzprodukte verkauft, die man selbst nicht verstand. Es ist erstaunlich, wie sehr die einfachsten Regeln missachtet wurden, nur weil das große Geld lockte. Das war eine Begeisterung ohne den Verstand.

Führen

Manchen mag das zu simpel erscheinen, sie setzen auf Expertentum. Die Finanzkrise wurde aber nicht durch mangelndes Wissen ausgelöst, sondern durch Persönlichkeitsschwäche, durch

Geldsucht und blindes Vertrauen. Deshalb möchte ich noch deutlicher die Bedeutung der individuellen Person hervorheben. In der Pädagogik, im Umgang miteinander, müssen wir wegkommen von allem, was den Menschen als Sache oder Ware abstempelt. Wir müssen jedem zu seiner Individualität verhelfen und ihm seinen individuellen Wert anerkennen. Ob Schule oder Betrieb, die Anerkennung, das Lob und die persönliche Förderung bewirken mehr als eine theoretische Unterweisung. Damit wird ein Mitarbeiter stärker motiviert als mit der Aufforderung, ordentlich zu arbeiten und mehr Leistung zu erbringen. Bei einer Werksbesichtigung ist mir einmal aufgefallen, wie der Personalchef bei den Profit-Units immer wieder stehen geblieben ist, sich erkundigt hat, wie es gehe, wo etwas klemme. Dabei ist mir die gute Laune der Arbeiterinnen direkt ins Auge gestochen. Ich habe dem Personalchef hinterher gesagt, wie großartig ich das fände. „Ja", meinte er, „das kostet mich bis zu 70% meiner Arbeitszeit." Anderes muss dann eben liegen bleiben. Aber die Motivation der Leute und ihr Befinden sind mir wichtig. Damit begeistern Sie die Menschen. Sie fühlen sich ernst genommen, eine zwischenmenschliche Beziehung wird aufgebaut. Das hat mit Emotion zu tun, Emotion in positivem Sinn. Wenn ich mich um einen Menschen kümmere, mich um ihn sorge, stärke ich sein Selbst-

wertgefühl und sein Selbstbewusstsein. Deshalb
wünschte ich mir mehr Frauen in den Führungsrie-
gen. Die Beachtung menschlicher Beziehungen ist
ein Vorzug der Frauen, Männer sind Macher. Im
Miteinander würden wir die Führung besser
bewältigen. In diese Richtung zielt auch die Regel
Benedikts, wenn auch mit anderen Worten: „Der
Abt soll wissen, welch schwierige Aufgabe er
übernommen hat, Menschen zu führen und den
Eigenarten vieler zu dienen." Benedikt weiß, er
kann die Charaktere nicht verändern, aber er kann
sie einbinden und zusammenführen. Er wird den
einen ermutigen, den andern zurechtweisen. „Er
muss dem einen mit gewinnenden, dem andern
mit tadelnden, dem Dritten mit überzeugenden
Worten begegnen. Nach der Eigenart und Fas-
sungskraft jedes Einzelnen soll er sich auf alle
einstellen und auf sie eingehen." Es ist allerdings
eine kaum zu bewältigende Aufgabe.

Ich war in meiner Abtei St. Ottilien 23 Jahre lang
verantwortlich für über hundert Mönche. Wie soll
man mit einer so großen Gruppe zurande kommen
und so individuell mit jedem Einzelnen umgehen?
Benedikt rät, in diesem Fall die Gemeinschaft in
Zehnergruppen aufzuteilen und an ihre Spitze
Mitarbeiter zu setzen, „mit denen er vertrauens-
voll seine Verantwortung teilen kann". Dann
versinkt der Einzelne nicht mehr in der großen,

anonymen Masse, sondern spürt in der kleineren Gruppe weiterhin, was er wert ist, dass er etwas Konkretes schafft. Wer die ganze Zeit nur am Fließband steht und denselben Handgriff tut, wird am Abend wenig befriedigt oder begeistert nach Hause gehen. Aber wenn wir miteinander etwas bauen und jeder seinen Anteil beiträgt und auch sieht, wenn wir in dieser Weise aufeinander angewiesen sind, gelangen wir zu einer echten Selbstwerterfahrung. Das motiviert ganz anders. Wenn dann noch ein Personalchef herumgeht und die Arbeiter fragt, wie es ihnen gehe, ob alles in Ordnung sei, und sich im Notfall um die Lösung eines Problems kümmert, dann sind das zusätzliche Anreize. Das können Sie natürlich bei einer Gruppe von 10 Mitarbeitern gut handhaben, nicht aber bei 100. Bei der größeren Gruppe geht dergleichen nur sporadisch. Dann müssen Sie aber noch mehr das Auge dafür haben, ob einer gerade den Kopf hängen lässt. Dann müssen Sie auf ihn zugehen und ihn zum Sprechen bringen. Ein oberflächliches „Wie geht's?" reicht nicht. Auf diese Frage antwortete mir mal jemand „Gut". Während ich weiterging, drehte er sich hinter mir nochmals um und rief mir nach: „Das wolltest Du doch hören; wenn du aber wissen willst, wie es mir wirklich geht, dann bräuchten wir zwei Stunden." Und er war nicht wenig erstaunt, als ich konterte: „Die habe ich." Wir saßen in der Tat zwei

Stunden zusammen. Da hat er dann ausgepackt, und wir konnten vieles klären und lösen. Das Wichtigste war eigentlich, dass ich mir Zeit genommen hatte und ihm zuhörte. Man wird Ihnen dann nicht selten das Kompliment machen: „Mit Ihnen kann man gut reden", selbst wenn Sie kaum eine Silbe gesagt haben.

Jemanden Anerkennung, Identität, Selbstwertgefühl schenken ist eine Grundregel, um andere zu begeistern. Sie können das noch steigern, indem Sie die weitere Regel Benedikts anwenden: Wann immer wichtige Entscheidungen anstehen, gilt es alle einzubinden, die es betrifft. Selbstverständlich kann ich in einem großen Unternehmen nicht alle Mitarbeiter zu allen Einzelproblemen befragen. Dazu gibt es die Subsidiarität. Jedes Problem soll auf seiner Stufe gelöst werden. Aber genau da sollen auch alle eingebunden werden.

Man möchte meinen, darüber brauche man nicht zu reden, das verstehe sich von selbst. Wenn Sie sich in den Vorstandsetagen etwas herumhören, erfahren Sie das Gegenteil. Vorsitzende wollen oft gar nicht hören, was die andern denken. Ihre Meinung ist sowieso in ihren Augen die einzig richtige, im Grunde bräuchten sie niemanden zu Rate zu ziehen. Die anderen Vorstandsmitglieder sagen dann auch nichts oder getrauen sich nichts zu sagen, um ihren Posten nicht zu verlieren und sich nicht die Karriere zu verderben. Kein Wunder, dass es in so manchen renommierten Firmen langsam bergab gegangen ist, bis Heuschrecken sie kauften, sanierten, zerschlugen und Einzelteile gewinnbringend verkauften. Ein Unternehmen hingegen, bei dem alle eingebunden sind, wird sich organisch weiterentwickeln. Wir haben Benediktinerklöster mit 1200-jähriger Geschichte. Das ist nur auf dieser Basis möglich. Sie erhält ein Unternehmen offen für die Zukunft und weitere Entwicklung.

Es herrscht anscheinend eine Angst, sich Rat einzuholen. Die Wenigsten suchen wirklich Rat. Vor einiger Zeit gab es eine große Umfrage unter Jungmanagern, wie hoch sie Teamarbeit ein- schätzten. 82 Prozent werteten sie ab und wollten lieber allein entscheiden. Das sei rascher und effizienter. Ich verstehe diese Menschen. Denn im Grunde ist es die Angst um das kleine Ich. Was bin ich dann noch, wenn alle mit dreinreden, wenn alle etwas sagen wollen?

Ich kenne Menschen, die anfangs sehr kollegial dachten und alle einbinden wollten. Dann aber verspürten sie bei Sitzungen die Opposition von Kollegen oder schlichtweg andere Meinungen. Sie bekamen Angst und, anstatt sich dann zu öffnen, schnürten sie zu und begannen pikiert zu reagieren, und was noch schlimmer war: sie begannen zu manipulieren. Das merken die Mitarbeiter sofort, das Vertrauen ist gebrochen; sie leisten Widerstand und mauern. Es gibt Chefs, die im Laufe der Zeit immer mehr Angst vor Sitzungen bekommen. Sie gehen in die Sitzung mit der ständigen Überlegung: Wie sag ich's meinem Kinde? Wie verklickere ich die Dinge so, dass sie angenommen werden? Besser wäre es, er würde den Raum betreten, das Problem vorlegen und dazu eine Lösung vortragen, sie aber zur Disposition stellen. Natürlich haben deshalb nicht die andern schon den Stein der Weisen, weshalb Benedikt die Mitbrüder anweist, sie in geordneter Weise einzubringen und sich nicht von Ehrgeiz und Rechthaberei beeinflussen zu lassen.

Als ich im Jahre 2000 zum Abtprimas gewählt wurde, habe ich mir als Erstes einen Rat gebildet, der mir zur Seite stehen und die Entscheidungen vorbereiten sollte. Wie sollte ich denn alles schon kennen? Dabei ist es nicht so, als würde ein solcher Rat nach einiger Zeit überflüssig, wenn man die Dinge besser kennt. Die Situation ändert sich ja fortlaufend, und es ist fast eine Tautologie zu sagen: Zwölf Augen sehen mehr als zwei, und zwölf Ohren hören mehr als zwei. Immer aber ist es unser kleines Ich, die Angst um dieses Ich, die uns von solchen Maßnahmen abhält. Und immer werden dafür ausweichende Gründe angeführt, nur die wirklichen nicht genannt.

Diese Art, Vertrauen zu schenken durch Einbeziehung anderer in den Rat und die Entscheidung, steigert das Selbstbewusstsein und die Begeisterung. Andernfalls entmutige ich, und erfahre die Blockade, z. B. durch Dienst nach Vorschrift. In dem Maße, in dem Sie Vertrauen schenken, werden Sie Vertrauen erhalten.

Nun gibt es bei Benedikt noch einen wichtigen Zusatz in seinem Kapitel über die Mitberatung. Der Abt solle alle zu Rate ziehen und unterstreicht das „Alle" durch den Hinweis, weil Gott oft den Jüngeren eingebe, was das Bessere sei. Ein erstaunliches Wort für einen Autor des 6. Jahrhunderts. Benedikt hat wohl an die Gestalten der Bibel gedacht, an einen David, der von Samuel zum König gesalbt wurde, als er noch das Vieh hütete, oder an den noch jungen Nachfolger Salomon, der durch sein „salomonisches Urteil" berühmt geworden ist. Diese biblischen Gestalten mögen seine Alltagserfahrung bestätigt haben, dass jüngere Menschen neue Ideen mitbringen, neue Energien, neue Risikobereitschaft. Nur so kann eine Gruppe, kann ein Kloster, ein Unternehmen entwicklungsfähig bleiben. Allzu leicht verfällt eine Gruppe in ein Ghetto-Dasein. Nach einiger Zeit denken alle dasselbe, alle tun dasselbe.

Nichts Neues kommt mehr. Es wächst sogar die Angst vor dem Neuen. Das kann selbst bei einer Gruppe von jungen Leuten passieren. Menschen, die etwas anders einbringen, werden als Störenfriede bezeichnet.

Dabei wären gerade sie wichtig. Solche Querdenker sorgen dafür, dass sich eine Gruppe nicht festfährt, sondern sich weiter entwickelt und den Gegebenheiten anpasst. Kluge Herrscher im Mittelalter haben sich deshalb eigens Hofnarren gehalten. Sie konnten Kaiser und Königen die Wahrheit sagen, ohne dafür abgestraft zu werden. Eine ähnliche Haltung der Offenheit und Angstfreiheit brauchen wir auch in unseren Gremien. Ein vorausschauender Chef wird eine angstfreie Atmosphäre schaffen, ein Klima, das so frei ist, dass jeder weiß: Hier kann ich ungeschützt meine Meinung sagen, ich brauche keine Angst zu haben. Wenn es Ihnen in Ihrem Unternehmen gelingt, dass die Mitarbeiter keine Angst mehr vor ihren Vorgesetzten haben, werden Sie es mit kreativen Menschen zu tun haben. Leben wird da sein, und Begeisterung brauchen Sie nicht künstlich zu erzeugen.

Damit aber wird sich ein Unternehmen weiter entwickeln. In meiner Zeit als Erzabt von St. Ottilien konnten wir eine Reihe neuer Initiativen entwickeln: wir konnten den interreligiösen Dialog mit japanischen Zen-Buddhisten beginnen, an unsere frühere Arbeit in China und Nordkorea anknüpfen und Projekte wie Krankenhäuser, Schwesternklöster, Priesterseminar, Kirchen und Schulen errichten. Im Grunde ist es mir nicht aufgefallen, nur hinterher fragen einen die Leute, wie das alles möglich war. Mein Nachfolger hat in ähnlicher Weise weitergearbeitet. In seiner Zeit sind Neugründungen in Kasachstan, Kuba und China entstanden. Es geht nicht um Spektakuläres. Ein Chef braucht auch nicht alle neuen Ideen selber zu kreieren. Es kommt darauf an, die Bedeutung von Vorschlägen wahrzunehmen, sie aufzugreifen und der Diskussion zu unterbreiten. Es geht nicht darum, wer die Ideen hat, sondern dass sie kommen und aufgegriffen werden.

Die souveräne Persönlichkeit

Das setzt allerdings eine souveräne Persönlichkeit voraus, die nicht meint, sie habe dann nichts mehr zu sagen. Im Gegenteil. An ihr liegt es, das Ganze zu bündeln und zu steuern. Es geht ja um das gemeinsame Ziel. Manche haben dann Angst, ihnen würde die Macht entgleiten. Die Distanz zur eigenen Macht und zum eigenen Machtstreben ist ein erstes Charakteristikum einer souveränen Persönlichkeit. Ein souveräner Mensch muss sich sagen: Ich bin nicht auf die Macht angewiesen, ich brauche sie nicht, um jemand zu sein. Sie kommt mir automatisch zu in meiner Position, ich brauche sie nicht auszuspielen. Ich brauche nicht zu sagen, weil ich nun mal der Chef bin, habe ich das letzte Wort. Wer Angst hat, seine Autorität zu verlieren, hat sie schon verloren. Wer Distanz hat zu seinen eigenen Machtgelüsten, ist nicht darauf angewiesen, sich ständig hören zu müssen. Er kann zuhören. Der Machttrieb steckt in uns von unserer animalischen Natur her, aber wir müssen ihn kanalisieren und humanisieren.

Zu dieser Souveränität gehört auch die Distanz zum Geld. Jeder Chef soll das Nötige verdienen und sorgenfrei leben können, um sich seiner Funktion entsprechend einsetzen zu können, der Regierungschef für sein Volk und der Firmenchef für seine Mitarbeiterinnen und Mitarbeiter. Darin besteht kein Zweifel. Aber wozu braucht er immer mehr Geld? Wenn einer schon Millionen verdient, dann ist es einfach nicht einzusehen, warum er 30 Prozent Gehaltszulage braucht. Wenn sich ein Vorstand 30 Prozent mehr genehmigt, dann sollten umso mehr die Leute an der Basis in diesen Genuss kommen.

Ich erwarte von einer souveränen Person auch die nötige Distanz zur eigenen Position. Allen seien ihre Titel und Anerkennungen gegönnt. Aber wie viel männliche Eitelkeit steckt doch oft dahinter.

Ein paar Orden sich oben anzuhängen, scheint ein besonderes Bedürfnis zu sein. Eigentlich sollten wir mehr Distanz dazu haben.

Von einer reifen und souveränen Persönlichkeit erwarte ich auch die Großzügigkeit, über den Dingen zu stehen. Sie können auch mal Fünfe gerade sein lassen, sie sind keine Pedanten und keine Perfektionisten, sie sind flexibel. Sie folgen ihrer Vision, sind aber nicht darauf bedacht, dass nun alles bis ins Detail nach ihren Vorstellungen durchgeführt werden muss. Zur Großzügigkeit gesellt sich die Weitsicht und auch eine Hartnäckigkeit, eine Beharrlichkeit in der Verfolgung der Vision. Bei der Renovierung der Klosterkirche von St. Ottilien habe ich mir elf Jahre Zeit gelassen. Alle sollten mitreden können, keiner sollte sich überfahren fühlen. Denn eine Kirche ist das Herzstück einer Klostergemeinschaft. Das verlangt eine enorme Geduld und Kontinuität. Für ein großes Krankenhaus in China haben wir wegen der langwierigen Verhandlungen elf Jahre gebraucht, in Nordkorea für ein weiteres Krankenhaus ebenso. Das bedarf einer gehörigen Portion Selbstdisziplin, um die zahlreichen Frustrationen zu überwinden. Die Vision bewegt zunächst die Führungsperson. Sie aber muss immer neu versuchen, diese Vision andern zu vermitteln. Sie muss den andern die Sicherheit geben, dass am

Schluss alles gelingen wird. Führen bedeutet in diesem Fall auch, die anderen mitzuziehen.

Es gab und gibt solche souveräne Persönlichkeiten. Ich denke an den alten Werner von Siemens, an Alfred Krupp. Letzterer ließ Werkswohnungen bauen und führte eine Krankenversicherung für die Arbeiter ein. Werner von Siemens sorgte sich schon sehr früh um das Schicksal seiner Mitarbeiter, um gerechte Entlohnung: „Mir würde das Geld wie glühendes Eisen in der Hand brennen, wenn ich den treuen Gehülfen nicht den erwarteten Anteil gäbe." Er gründete eine Pensions-, Witwen- und Waisenkasse. Ich denke auch an Konrad Adenauer, wenn er im Parlament entgegnete: „Was schert mich mein Geschwätz von gestern."

Doch denke ich auch an viele Handwerksmeister, die in echter Sorge sich um ihre Lehrlinge kümmern, an Unternehmer, die während eines Tiefs in der Wirtschaft niemanden ausstellen. Etliche haben mir gesagt, auch wenn sie einige Jahre keinen Gewinn machten, so wollten sie doch durchhalten, natürlich in der Hoffnung, dass es eines Tages wieder besser geht. Es wäre ungeziemend, ihnen zu unterstellen, dass sie befürchteten, bei einem Aufschwung keine Fachkräfte mehr auf dem Markt zu finden. Ich denke an Personalchefs, die alles daransetzen, einem alkoholkranken Mitarbeiter alle Hilfe angedeihen zu lassen, bevor sie ihn ausstellen. Diese Menschen sind wirklich souverän und sehen ganzheitlicher, sie sind nicht am Shareholder-Value ausgerichtet.

Es gibt auch Professoren, die mit ihren Studenten zusammensitzen, diskutieren und sie fördern. Ihre Kompetenz erstreckt sich auf ihr Fach, aber auch auf die menschlichen Komponenten. Sie können die jungen Menschen wirklich begeistern. Zwei Nobelpreisträger in Physik haben mir von ihren Ordinarien voll Begeisterung und Hochachtung berichtet. Sie hätten sie überhaupt erst für ihr Fach interessiert. Diese persönliche Beziehung macht es letztlich aus, wenn ich sage, dass wir wieder diese Art von Menschlichkeit brauchen, um andere zu begeistern. Das wäre auch die Triebkraft, um die Finanzen und die Wirtschaft wieder voranzubringen.

Der Trend zur Vereinzelung

Gott sei Dank gibt es diese vielen guten Beispiele. Andererseits dürfen wir nicht übersehen, dass unsere ganze Gesellschaft in einen weitreichenden Egoismus abdriftet, in die Vereinzelung. Die erste Quittung haben wir serviert bekommen mit dem Finanzdesaster, ausgelöst durch die Gier vieler Einzelner. Es waren ja nicht nur die Investoren an der Spitze, alle zeigten sich unersättlich. Wenn die Gesellschaft diesen Weg weitergeht, droht sie zu zerfallen. Ich möchte nicht schwarzmalen, aber kann das Singletum wirklich die Zukunft unserer Gesellschaft sein? Dann sind nicht mehr viele Kinder zu erwarten, und wir dürfen uns nicht wundern, wenn die Ausländer und Muslime uns die Kinder schenken und in unserem Land mehr und mehr an Einfluss gewinnen.

Ich bin überzeugt, zukunftsträchtig ist nur ein Modell, in dem die Freiheit des Einzelnen gewahrt bleibt, aber der Einzelne sich seiner sozialen Verantwortung wieder bewusst wird, nicht nur, wenn es um den Beitrag von Steuergeldern geht. Der griechische Philosoph Aristoteles hat den Menschen als ein zóon politikón definiert, als ein Wesen, das auf Gemeinschaft hin veranlagt ist. Nur so werden wir die drei Prinzipien der französischen Revolution verwirklichen, Freiheit, Gleichheit und Brüderlichkeit, die Grundlagen unserer Demokratie. Der Mensch trägt eine soziale Verantwortung, und nur auf dieser Basis werden wir die Zukunft bewältigen.

Die Bedeutung des Christentums

1979 kamen zen-buddhistische Mönche zu uns nach Europa. Sie waren von wirtschaftlichen Sponsoren geschickt worden, um herauszufinden, was Europa in so einmaliger Weise wissenschaftlich und technisch so an die Weltspitze gehievt hat. Für sie musste es das Christentum gewesen sein; deshalb sind sie in die Klöster gekommen, um dort in ursprünglicher Weise diese Prinzipien kennen zu lernen. Unsere Zukunft wird davon abhängen, so wage ich zu behaupten, ob wir diesen Prinzipien weiterhin treu bleiben. Wir sollten ihnen folgen, weil sie der Natur des Menschen und seinen Bedürfnissen entsprechen. Der Mensch wird in seiner Würde geachtet als individuelles Geschöpf, aber auch in seiner sozialen Verantwortung in die Pflicht genommen, in seiner Verantwortung füreinander, für die andern und die ganze Gesellschaft, ich würde heute in der Zeit der Globalisierung sogar sagen: für die ganze Menschheit.

Dazu gehört auch, dass ein Mensch nie absolut selbstständig und selbstherrlich sein kann, sondern immer noch vor einem Gott verantwortlich bleibt. Wenn es Bundesminister gegeben hat – ich respektiere durchaus deren Weltanschauung –, die meinten, keinen Eid vor Gott mehr ablegen zu müssen, dann stimmt das bedenklich. Wenn der Mensch meint, alles aus sich schaffen zu können, verfällt er dem Machbarkeitswahn. Wenn er meint, nur sich selbst und dem Staat gegenüber verantwortlich zu sein, kann einerseits leicht die Korruption einreißen, zu deren Eindämmung viele Gesetze und Kontrollen notwendig werden. Wir können auch leicht in einen Totalitarismus abrutschen, wie wir zur Genüge in der jüngeren Geschichte gesehen haben. Auch der Säkularismus droht solche Züge einzunehmen, wenn er noch bestimmt, was Religion sein und tun darf. Oder in eine Vereinzelung, die auf längere Sicht einen Zerfall der Gesellschaft bewirkt.

Die christliche Vision der einen globalen Welt, in der jeder seinen Platz und seine Verantwortung hat, als Einzelner, wie als Kultur und Nation, ist eine Vision, die begeistern kann. Begeisterung war unser Ausgangsthema, wir sind bei Souveränität und Verantwortung gelandet. Auch einer globalen Welt wird es immer auf Führungspersonen ankommen, die begeistern können, weil sie eine Vision vermitteln und darauf hinarbeiten.

Schluss

Ich möchte schließen mit einem Rat, den der heilige Benedikt dem Abt mitgibt, einen Rat, der in aller Problematik und Sorge die nötige Gelassenheit schenkt: „Er sei nicht stürmisch und nicht ängstlich, nicht maßlos und nicht engstirnig, nicht eifersüchtig und allzu argwöhnisch, sonst kommt er nie zur Ruhe."

Ich wünsche Ihnen mit Gottes Segen ein erfolg-
reiches und frohes Jahr 2009, damit wir es
miteinander bewältigen können und einen Grund
legen für die weitere Zukunft. Ich bin Optimist.
Denn so dumm und so schwach war und ist
unsere Bevölkerung nicht. Immer, wenn Not am
Mann war, hat sie doch wieder die Ärmel hochge-
krempelt. Wir haben vieles geschafft, und darauf
vertraue ich weiterhin. Dann wird Gott auch
seinen Segen geben.

3

Meine Lebensmelodie
Ein Fernsehinterview

Wenn ich den Menschen
   die Angst nehmen kann,
dann kann ich auch in Freude
   mit ihnen verhandeln und leben.

Der „rockende Mönch" ist ja in gewisser Weise zu einem Ihrer Markenzeichen geworden. Ärgert Sie das, verengt das in Wahrheit auch ein bisschen den Blickwinkel der Öffentlichkeit auf das, was Sie eigentlich tun und machen?

Ich bin bei einer französischen Tageszeitung mal wütend geworden, denn ich hatte bewusst gesagt, dass sie davon nichts schreiben sollten, weil das in Frankreich ein falsches Image abgeben würde. Aber gut, sie haben das dann trotzdem gebracht, weil das halt einfach so gut wirkt. Aber ich glaube, auf der anderen Seite kommt damit schon auch eine Lebenseinstellung zum Ausdruck: die Freude an der Musik, aber noch viel mehr die Freude an den Menschen. Mit den Menschen Musik zu machen, mit den Menschen zu tanzen, ist doch etwas Wunderschönes.

Ihr Titel „Abtprimas" bedeutet, Sie sind der Chef des Benediktinerordens. Sie wurden erst kürzlich für weitere vier Jahre in Ihrem Amt bestätigt. Wie ist das? Würden Sie sich dazu selbst beglückwünschen oder bedeutet das nicht viel eher vier weitere Jahre Knochenjob?

Ja, ich ziehe den Karren weiter. Einer muss es ja machen. Ich habe auch verschiedene Dinge angestoßen in den letzten Jahren, gerade in Sant' Anselmo, ich habe u. a. auch zwei Stiftungen gegründet: All das muss erst noch so richtig in die

Gänge kommen, weshalb ich dieses Amt dann aus Verantwortung auch gerne für weitere vier Jahre übernommen habe. Aber ich hätte mir natürlich schon auch etwas Schöneres vorstellen können.

Wie muss man sich die Wahl zum Abtprimas vorstellen? Läuft das so ähnlich ab wie ein Konklave?

Das ist einfach eine geheime Wahl hinter verschlossenen Türen. Die ganzen Äbte dieser Welt – insgesamt sind es 250, aber in diesem Fall waren nur 230 anwesend – wählen dabei, und in den ersten drei Wahlgängen muss es jeweils eine Zweidrittelmehrheit sein. Diesmal hat man sogar auf eine Vorwahl verzichtet, d.h. das Ganze ging sehr rasch. Die wollten mich halt haben und haben es mir auch zugetraut. Es ist natürlich schon schön, wenn nach acht Jahren gesagt wird: „Er hat die Sache nicht ganz zuschanden gefahren. Wir probieren es lieber weiter mit ihm. Ihm vertrauen wir." Das finde ich dann schon auch wieder schön.

Ein Abtprimas wird zunächst für acht Jahre gewählt, bei jeder Wiederwahl beträgt die Amtszeit dann vier Jahre. Herr Abtprimas, Sie sind ja wirklich sehr, sehr viel in der Welt unterwegs und eben auch gelegentlich in Rom in Sankt Anselmo, dem Hauptsitz des Benediktinerordens:

Beschreiben Sie doch mal eine ganz normale Woche, insofern man bei Ihrer Arbeit den Begriff „normal" überhaupt verwenden kann.

Eine normale Woche kann ich nur schwer beschreiben, denn die habe ich nicht. Der Tagesablauf, wenn ich in Sant' Anselmo bin, sieht jedenfalls ungefähr so aus: Wir stehen um sechs Uhr morgens auf, ich selbst stehe zehn Minuten früher auf, weil ich noch ein bisschen Frühsport mache, damit ich frisch werde, weil erst dadurch bei mir der Kreislauf so langsam in Gang kommt. Um 6.20 Uhr haben wir dann Gebet und Eucharistiefeier, also Messe. Danach gibt es das Frühstück, und um 8.30 Uhr beginnen die Vorlesungen. Bei mir selbst beginnt die Arbeit bereits um 8.00 Uhr. Ich lese da meistens zuerst ein bisschen in den Tageszeitungen, studiere aber auch noch ein bisschen Sprachen, denn da muss man wirklich ständig dranbleiben. Und dann fange ich mit der Korrespondenz an. Um 9.00 Uhr kommen die ganzen Anrufe, die Besuche. Oder ich gehe auf all die Sitzungen, die ich besuchen muss. Das geht dann den ganzen Tag so weiter, sodass ich mich am Schluss schon manchmal frage, was ich den ganzen Tag über eigentlich gemacht habe. Mittags gibt es um 12.45 Uhr das Mittagsgebet und um 13.00 das Mittagessen. Anschließend halte ich eine kurze Siesta, und beim Aufstehen nach der Siesta hole ich mir die Heilige Schrift raus. Ich lese zehn Minuten, eine Viertelstunde am Stück in ihr: Ich lese ganz langsam, höre auf diese Worte, lasse die Worte auf mich wirken und versuche herauszufinden, was mir Gott dadurch sagen möchte, was er überhaupt uns Menschen damit sagen möchte. Zurzeit lese ich die Apostel- geschichte: Das ist sehr spannend. Vor allem interessiert es mich, hierbei den heiligen Paulus intensiv zu erfahren. Dann geht die Arbeit weiter bis zur Vesper um 19.15 Uhr. Anschließend haben wir ein gemeinsames Abendessen. Das Abend- essen ist meistens still oder mit Tischlesung oder mit Musik verbunden. Beim Mittagessen hingegen sprechen wir viel miteinander, denn wenn die Studenten dort den ganzen Vormittag über in den Vorlesungen waren, dann haben sie einen großen Gesprächsbedarf, und es bricht sozusagen aus ihnen heraus. Das heißt, die müssen dann reden miteinander. Das geht auch ganz gut, denn wir können alle Italienisch als unsere gemeinsame Haussprache sprechen. Da setzt sich z. B. ein Koreaner neben einen Kongolesen, und beide fangen ein ganz angeregtes Gespräch miteinander an. Manchmal stupse ich dabei unseren Prior an und sage zu ihm: „Du, die reden, als ob sie miteinander im Sandkasten gespielt hätten." Ich wundere mich jedenfalls immer wieder, wie gut da die Leute zusammenwachsen. Ich würde mir wünschen, dass das auch in Deutschland so gut gelingen würde. Die gemeinsame Sprache schafft jedenfalls diese Möglichkeit.

Das benediktinische Prinzip des „ora et labora" ist also auch ein Gemeinschaftserlebnis? Kann man das so sagen?

Ja, das ist z. B. beim Abspülen so. Ich selbst habe ja immer sehr gerne abgespült und mache das heute auch an Weihnachten immer wieder einmal, wenn die Angestellten nicht da sind. Das ist etwas sehr Schönes, denn man lernt dabei die Leute sehr gut kennen. Während des Irakkriegs haben z. B. zwei Amerikaner zusammen mit zwei Irakis abgespült. So kann es eben auch gehen, man muss nicht mit Bomben aufeinander werfen.

Der Benediktinerorden ist ja ursächlich ein Missionsorden. Wie sehen Sie sich denn als Chef des Ordens selbst? Sind Sie selbst eher Missionar oder doch eher Manager?

Die Benediktinerklöster sind ursprünglich keine Missionsklöster gewesen. Sie sind das aber ganz automatisch geworden während der Entwicklung des Abendlandes, der Neugestaltung des Abendlandes. In der Völkerwanderungszeit ist ja alles zerstört worden, und die Klöster waren dann die zentralen Orte der Bildung und auch des Betens. Diese Klöster haben eigentlich das Ganze wieder stabilisiert. Dadurch ging die Botschaft Jesu natürlich auch an die Menschen hinaus, an die Pagani, an die Menschen, die in der Heide draußen gelebt haben, die Heiden. Erst im 12., 13. Jahrhundert ist Europa so langsam christlich gewesen, davor war das noch mehr eine Sache der Städter gewesen. Auch durch die Mönche ist das Christentum dann bis ins Hinterland geraten. Daher waren wir Benediktiner eben auch automatisch Missionare. Dieses Charisma wurde dann in St. Ottilien von Pater Andreas Amrhein im 19. Jahrhundert wieder aufgegriffen: Wir Benediktiner sind daher als Missionare nach Afrika, nach Asien usw. gegangen. Das hat mich schon als Jugendlicher sehr fasziniert, weswegen ich eigentlich Missionar werden wollte. Als ich meinen Heimatpfarrer gefragt habe, wo ich hingehen soll, schaute er mich von oben nach unten an und meinte: „So wie ich dich kenne, gehörst du nach St. Ottilien!" Ich glaube, der Hintergrund war der, dass er um meine Liebe zur Liturgie, zum Gottesdienst wusste.

Wann ist denn diese Entscheidung bei Ihnen als Jugendlicher gefallen? Wodurch ist die Entscheidung ausgelöst worden? Gab es einen solchen Moment überhaupt?

Als ich vierzehneinhalb Jahre alt war, gab es einen solchen Moment. Ich las damals die Lebensbeschreibung eines Südseemissionars aus dem

19. Jahrhundert. Dieser Missionar hat mich wahnsinnig fasziniert, sodass ich mir gesagt habe: „Du musst dasselbe machen, dann hat dein Leben einen Sinn, nämlich mich einfach für Jesus, für seine Botschaft einsetzen und sie unter die Menschen bringen, damit sie glücklich werden." Ich habe mich dann schon recht intensiv damit auseinandergesetzt. Was mich dabei vor allem fasziniert hat, ist die Gewissheit, dass das einen Sinn hat: Dieser Mann ist getötet worden, ohne selbst auch nur irgendeinen Erfolg mitzuerleben. Denn erst hinterher haben sich diese Menschen taufen lassen, weil sie erst bei seinem Tod gemerkt haben, was er ihnen bringen wollte. Ich habe mir daher gesagt: „Was immer ich tue, wenn ich es für den Herrgott tue, dann macht das Sinn. Er wird dann den Erfolg geben, egal zu welcher Zeit. Ich selbst muss den Erfolg nicht sehen oder erleben." Dadurch bin ich natürlich frei von jeglichem Erfolgszwang.

Wie haben denn Ihre Eltern reagiert? Hat Ihr Vater nicht gesagt: „Der Bub soll doch lieber den Betrieb weiterführen?"

Wir hatten keinen eigenen Betrieb, denn mein Vater war zwar Schneider, dies aber in einer Kleiderfirma, die Trachtenanzüge hergestellt hat. Er hat zu mir gesagt: „Wenn du meinst, du wirst damit glücklich – es ist dein Leben, nicht meines!"

Ich glaube, diese seine Einstellung war für mich damals sehr, sehr wichtig.

Angenommen, Sie hätten sich dennoch für eine berufliche Alternative entschieden: Welchen Beruf hätten Sie denn ergriffen, wenn Sie nicht Mönch geworden wären?

Ich habe als kleiner Bub einmal gesagt: „Ich möchte mal Schiffbrüchiger werden!" Aber Spaß beiseite, ich wäre ansonsten wahrscheinlich Lehrer geworden. Als ich dann in St. Ottilien ins Noviziat eintrat, hieß es: „Schlag dir den Missionsgedanken aus dem Kopf! Du bist körperlich viel zu schwach! Du kommst nicht in die Mission, du wirst mal Lehrer bei uns am Gymnasium!" Ich dachte mir: „Ja, gut, dann kommt ein anderer in die Mission. Ich brauche ja den Erfolg meines missionarischen Einsatzes nicht zu sehen." Also habe ich mich damit abgefunden. Und ich hätte auch gerne unterrichtet: z. B. Fremdsprachen oder auch naturwissenschaftliche Fächer. Ich hätte selbst wahrscheinlich nicht gewusst, welche Fächer ich da nehmen soll. Ich musste dann aber zuerst einmal Philosophie lernen und musste darin auch promovieren. Später musste ich dann in Rom auch Philosophie dozieren. Man hat in Rom nämlich jemanden wie mich gebraucht, weil sie dort keinen Naturphilosophen hatten zu der Zeit. Ich hatte mich aber gerade darin ausgebildet. Also ging ich nach Rom. Und ich muss sagen, das war eine wunderbare Zeit mit meinen Studenten zusammen, wenn wir dann abends noch bei mir auf dem Zimmer zusammengesessen und Ideen gesponnen haben. Das ist einfach der Vorteil einer kleineren Hochschule: Der Professor hat wirklich noch intensiven Kontakt zu seinen Studenten. Es war wirklich so wie bei den griechischen Philosophen, die ja auch mit ihren Schülern und Studenten auf und ab gegangen sind. Tja, und dann bin ich eben zum Erzabt von St. Ottilien gewählt worden und musste damit auf einmal die gesamte Mission übernehmen: „Der Mensch dachte, Gott lachte!"

In der Öffentlichkeit verbindet man ja das Bild des Benediktiners mit etwas Handfestem – und dies nicht nur in Bayern. Bei aller Kontemplation, bei aller geistlichen Konzentration und Versenkung, die ja selbstverständlich auch ein ganz wesentliches Merkmal des mönchischen Lebens darstellen, zeigt uns ein Blick in die Geschichte, dass die Benediktiner nie das waren, was wir hier in Bayern mit „Loamsiada", also „Leimsieder" bezeichnen. Die Benediktiner stehen nämlich mitten im Leben, sind präsent und, wenn es sein muss, auch streitbar. Beim „Auslandseinsatz", und die Benediktiner sind dort ja sehr, sehr stark engagiert, klingt das aber schon auch ein

bisschen nach Abenteuer, nach Ruf des Abenteuers. War es denn bei Ihnen auch ein klein wenig so, dass Sie vom Abenteuer gelockt wurden und deshalb ins Ausland gehen wollten? Wollten auch Sie diese Herausforderung erleben?

Es war zum einen sicher der Reiz des Neuen, des Fremden. Aber ich habe eben auch eine ganze Woche lang mit mir gekämpft, ob ich tatsächlich bereit bin, eines Tages auch Würmer zu essen, ob ich mit den Schlangen leben könnte usw. Ich hatte damals ja überhaupt keine zutreffende Wirklichkeitsvorstellung, sondern ich kannte nur das, was ich gelesen hatte. Ich hatte furchtbare Angst! Und dann kam der Abschied von den Eltern – für immer! Da war alle Romantik wirklich komplett dahin.

Wenn heute ein junger Mann Benediktiner werden möchte, welche Voraussetzungen erwarten Sie denn von einem Novizen? Welches Rüstzeug muss er mitbringen?

Er sollte eine gute Ausbildung mitbringen. Das kann das Abitur sein, das kann aber auch die Ausbildung in einem Handwerksberuf oder in irgendeinem anderen Beruf sein, damit er im Kloster dann später keine Minderwertigkeitsgefühle entwickeln muss. Dann sollte er selbstverständlich auch fromm sein: Ich schaue sehr wohl, ob das auch wirklich der Fall ist. Aber er sollte auch einen Charakter haben, dass man mit ihm Pferde stehlen könnte. Denn mit Leimsiedern können wir in der Tat nichts anfangen. Es meinen manche Leute, dass man im Kloster ja mitgetragen wird. Nein, wir brauchen lauter Leute, die selbst tragen können. Denn eine solche Gemeinschaft ist z. T. schon auch eine Belastung: Wenn man in einem Kloster einerseits in der Einsamkeit lebt und andererseits ständig mit seinen Klosterbrüdern zusammenleben muss, dann ist das in der Tat eine Herausforderung. Es tun sich doch manchmal schon zwei Leute sehr schwer, das zu schaffen. Wir in St. Ottilien sind aber über 100 Leute. Das muss jeder Mönch erleben und aushalten können. Irgendwann schlägt das Aushalten um in Glück, dann nämlich, wenn man erkennt, dass Unterschiede etwas wahnsinnig Schönes und Bereicherndes sind. Aber es dauert eine gewisse Zeit, bis man da dahinterkommt.

Nun gehen aber gerade in Europa die Berufungen zurück, was dazu führt, dass manche Klöster sogar geschlossen werden müssen. Es gibt mittlerweile aus diesem Grund sogar schon einige Klosterverbünde, d.h. es werden verschiedene Klöster zusammengelegt. Wird es also den einheimischen Mönch bald nicht mehr geben, also den, wie man ihn bereits heute eigentlich nur noch – leicht romantisiert – von der Bier-

**werbung kennt? Lebt der Mythos des boden-
ständigen, bayerischen Mönchs also schon bald
nur noch in der Produktwerbung? Wird es ihn
realiter bald nicht mehr geben?**

Nein, das würde ich nicht sagen, wenn ich mich
so ein wenig in der Landschaft umschaue. In
meinem eigenen Kloster St. Ottilien ist es so, dass
wir durchaus immer noch Novizen haben. Natürlich haben wir nicht mehr so viele wie früher, denn
wir haben ja auch keine Kinder mehr bei uns. Die
Klöster spiegeln also schon auch die demogra-
phische Situation unseres Landes wieder. Aber ich
denke, auch in anderen Klöstern gibt es immer
wieder Novizen. Ich war jetzt beispielsweise im
Kloster Marienberg in Südtirol: Das ist ein Kloster,
das lange Zeit keinen Novizen mehr hatte. Heute
gibt es dort aber wieder junge Leute. Ich würde
also die Situation gar nicht als so verzweifelt
ansehen. Und wie hat ein österreichischer Abt
einmal zu mir gesagt, als ich ihn gefragt habe, wie
es ihm geht? Er sagte zu mir: „Weißt schon, wir
haben manchmal einen Novizen, dann haben wir
wieder keinen. Wir sind in unserer Geschichte
schon mal bis auf zwei Mönche zusammenge-
schrumpft gewesen. Und trotzdem ist es immer
weitergegangen." Ich glaube also, wir Benediktiner
leben in anderen Zeitdimensionen. Wobei ich die
Problematik dieser Situation keinesfalls schön-
reden möchte. In Italien kann es bei einer ganzen

Reihe von Nonnenklöstern recht bald soweit sein, dass sie ihre Tore schließen müssen.

Auf anderen Kontinenten sieht es ja mit dem Nachwuchs bei den Benediktinern und auch bei den Benediktinerinnen nicht ganz so düster aus. Wird es denn so weit kommen, dass eines Tages Benediktiner und Benediktinerinnen aus anderen Kontinenten Europa missionieren werden, also versuchen werden, Europa erneut für den Glauben zu gewinnen?

Wenn sie das bewusst machen würden, dann käme es auf das Experiment an, dann würde ich dem gar nicht mal so negativ gegenüberstehen. Eine andere Problematik sehen wir aber in Spanien und in Italien, vor allem in Süditalien. Dort suchen die Äbtissinnen in Afrika nach Kandidatinnen. Ich halte das aber nicht für den rechten Weg, denn dadurch wird verhindert, dass die eigentliche Situation, dass nämlich bei uns zu wenig Berufungen da sind und niemand mehr nachkommt, wirklich in Angriff genommen wird. Stattdessen müsste man sich doch damit auseinandersetzen, warum es keinen Nachwuchs mehr gibt bei uns. Denn es gibt auch in Italien durchaus Frauenklöster, die guten Nachwuchs haben. Das heißt, an denen müsste man sich orientieren, anstatt zu meinen, auf diese Weise die Löcher stopfen zu können. Denn das geht nicht.

Sie haben ja nie einen Hehl daraus gemacht, dass Sie damals als junger Mensch im Kloster durchaus Ihre Probleme mit so manchen Dingen und Umständen im Klosterbetrieb hatten. Hatte das etwas mit dieser 68er-Zeit zu tun, wurde von daher diese Ermutigung zum Widerspruch auch in die Klöster hineingetragen?

Wir waren schon im Jahr 1965 bei unserem Studium sehr kritisch. Wir hatten in St. Ottilien aber auch einen Präfekten, dem wir wirklich unsere Anliegen offen vortragen konnten. Wir konnten partout nicht einsehen, dass wir diese und jene Gebräuche so absolut exakt pflegen mussten. Das bezog sich z. B. darauf, wie in der Liturgie die Hände zu halten sind. Es gab wirklich die kompliziertesten Rubriken, was zu tun ist und was nicht. Für uns war das oft einfach nicht einzusehen. Man durfte damals z. B. nur mit den Händen unterm Skapulier gehen. Es hieß, man sei dann gesammelter. Aber ich möchte nicht wissen, woran da dann immer gedacht worden ist. Das Äußere macht es also bei Weitem nicht aus, obwohl eine gute Form, ein Stil selbstverständlich absolut notwendig sind. Aber all das mussten und konnten wir dann neu entdecken, nachdem wir diese Formalismen abgeworfen hatten. Insofern haben wir also durchaus wie richtige 68er gedacht. Wir haben z. B. auch immer alles hinterfragt, was man uns gesagt hat. Es war natürlich

schon auch eine furchtbare Sache, wenn wir
ältere Mitbrüder mit unserem ständigen Nach-
fragen massiv erschütterten. Ich habe z. B. dem
damaligen Abt, also meinem Vorvorgänger, öfter
mal gesagt: „Warum gerade so und nicht anders?"
Und dann bekam ich oft zu hören: „Schon wieder
diese Warum-Frage!" Wir waren manchmal
wirklich wie die kleinen Kinder. Aber ich habe das
als gar nicht so schlecht empfunden, und ich
empfinde es heute sogar als schlecht und negativ,
wenn junge Leute nicht mehr fragen. Denn dieses
ständige Hinterfragen ist sehr, sehr wertvoll: Es
kommt eigentlich von der Philosophie. Ich habe
z. B. sehr viel Sokrates gelesen: Das war jemand,
der wirklich um den Begriff gerungen hat, der
ständig hinterfragt hat, der ständig Vorurteile
entlarvt hat usw. Diesen Prozess des Denkens
empfinde ich als sehr, sehr gut und wichtig. Das
war ja jetzt auch bei dieser Finanzmarktkrise das
Dumme: dass die Leute diese Zertifikate nicht
mehr durchschaut haben und auch nicht mehr
hinterfragt haben. Stattdessen sind sie einfach
nur mit allen anderen mitgelaufen. Der eine hat es
gemacht, weil es die anderen auch gemacht
haben! Aber wenn andere etwas tun – das kann
doch kein Argument sein! Das war unsere Kritik
damals. Und auch, dass alles von oben aufoktroy-
iert wurde. Aber als ich dann gemerkt habe, dass
man dann, wenn man nicht derselben Auffassung

wie Rudi Dutschke oder Cohn- Bendit usw. war,
Schwierigkeiten bekam, wurde ich auch da
renitent. Wenn man 1968 nicht mit der Masse der
Studenten mitlief, dann hieß es gleich, man habe
das verkehrte, das falsche Bewusstsein und das
eigene, das richtige Bewusstsein, müsse erst noch
gebildet werden. Gegen solche Ansichten bin ich
also auch wieder aufgestanden: Da war ich dann
sozusagen der 68er der 68er.

**Jetzt, nach 40 Jahren: Wie lautet denn Ihr persön-
liches Resümee über diese 68er-Zeit?**

Ich sehe diese Zeit in doppelter Weise. Es ist gut,
auf der einen Seite Dinge nicht als selbstverständlich hinzunehmen, sondern auch demokratisch zu
hinterfragen und vieles demokratischer abzustim-
men. Das passt nämlich auch zu unserem Ordens-
ideal, wenn der heilige Benedikt sagt: „Bei allen
wichtigen Fragen soll der Abt sämtliche Mitbrüder
zurate ziehen. Ich sage bewusst ,sämtliche', weil
Gott oft den Jüngeren das eingibt, was das
Bessere ist." Das hört sich wahnsinnig demokratisch an, kommt aber von ganz woanders her.
Solche Prozesse mussten wir auf gesellschaft-
licher Ebene allerdings erst noch hinzulernen.
Ansonsten sind wir z. B. in der Erziehung nicht
groß weitergekommen. Wir haben antiautoritäre
Erziehung praktiziert, aber die Kinder wurden
dadurch lebensuntauglich, schafften keinen

Studienabschluss mehr usw. Hier – also auch in der Erziehung – die rechte Balance zu finden zwischen Freiheit und festen Vorgaben, ist eminent wichtig. Das Ziel ist aber, dass der Mensch zu einem selbstständigen, kritischen Menschen erzogen wird. Ich glaube, von daher sind sehr wohl noch gute Impulse von den 68ern da. Aber ansonsten? Wie sich diese Leute damals aufgeschwungen haben zu Herren über andere, das war fürchterlich. Es wurden Häuser beschmiert, Häuser besetzt usw. Und es ging dann sogar so weit, dass sie meinten, andere Menschen umbringen zu können: Aber niemand hat sie dazu legitimiert. Was mich damals ganz besonders geärgert hat, waren diese „Ho, Ho, Ho Chi Minh!"-Rufe: Das war doch blind bis dorthinaus! Man konnte selbstverständlich gegen die Amerikaner in Vietnam sein, gegen den Vietnamkrieg. Aber muss man deswegen als Alternative gleich einem Ho Chi Minh in die Hand fallen? Muss man Mao-Bibeln verteilen zu einer Zeit, da alle Welt wissen konnte, was Mao mit seiner Kulturrevolution angerichtet hat? Er hat alle Intellektuellen Chinas in die Wüste geschickt! Und das wird dann als „Bibel" nachgebetet?

Die Benediktiner sind ja nicht nur in Afrika, sondern vor allem auch in Asien ganz besonders engagiert: auch in China und in Nordkorea, also

in zwei Ländern, in denen es praktizierende
Christen im Moment extrem schwer haben, ihren
Glauben zu leben. Die Benediktiner und Benediktinerinnen bauen dort in diesen zwei Ländern
heute Krankenhäuser, Sozialstationen und
Schulen: Aber eigentlich geht das doch gar nicht,
oder? Wie kann man in diesen zwei Ländern als
Geistlicher, als Mönch auftreten, wie kann man
dort tatsächlich etwas bewirken, wo doch die
staatliche Aufsicht gnadenlos ist und im Grunde
solche Dinge – das glaubt man zumindest so von
außen betrachtet – im Keim erstickt? Wie gehen
Sie dort vor? Besteht das Erfolgsgeheimnis
eventuell darin, dass das alles im Stillen abläuft,
abseits spektakulärer Schlagzeilen, und dass
man sich eben vor Ort arrangiert?

Mir ging, als ich dort zu Besuch war, sehr früh auf:
Es müssen – wenn ich überhaupt noch an meine
Sendung und Jesus Christus glaube – zuerst
einmal die Missionare dort sein und nicht immer
die Geschäftsleute. Heute ist es aber leider
umgekehrt. In der Kirche rührt sich nichts mehr!
Aus diesem Grund habe ich gesagt: „Genau in
diese beiden Länder müssen wir gehen! Die
Kommunisten brauchen am allerstärksten unser
Zeugnis des barmherzigen und liebenden Gottes!"
Die Kommunisten werden sicherlich nicht er-
lauben, dass wir bei ihnen die Frohe Botschaft
verkünden, aber das ist ja auch gar nicht not-

wendig, denn man muss ja nicht alles mit Worten machen. Ich glaube, wir predigen hier bei uns im Land sehr viel, ich würde mir aber in unserer Kirche noch stärker den Menschen hinter den Worten wünschen. Ich wünsche mir, dass ein Prediger glaubwürdig etwas von diesem Gott rüberbringt, dass er rüberbringt, wie sehr Gott die Menschen liebt, dass es mehr Aufrichtigkeit und Ehrlichkeit gibt. Ich habe bei den ganzen Verhandlungen mit den Chinesen den Eindruck gehabt: „Das ist es, was überzeugt!" Die Chinesen merken das irgendwann, und ein Chinese, ein Parteioffizier, der dann aber unser Freund wurde, hat tatsächlich eines Tages zu mir gesagt: „Ich kapiere euch nicht! Ich kapiere einfach nicht, warum ihr das macht? Ich sehe aber, dass das für uns eine wahnsinnige Hilfe ist." Der Oberbürgermeister der Stadt, in der wir ein Krankenhaus mit 500 Betten gebaut haben, sagte einmal – ich habe das erst später erfahren – ganz privat zu meinem Übersetzer: „Es ist doch komisch: Wir arbeiten fürs Geld, und die arbeiten für die Menschen!" Da kann ich nur sagen: Mehr können wir eigentlich gar nicht rüberbringen! Und letztlich fließt das natürlich auch in unsere Art des Verhandelns mit ein. Die anderen merken: Ich trete nicht belehrend auf, sondern nehme sie ernst und horche auf sie – dabei ist es mir egal, ob das ein chinesischer Kommunist ist oder ein Deutscher von der CDU oder CSU, denn mir sind alle Leute wichtig. Das ist ganz sicher etwas, das ich gerade auch im Kloster als Abt hinzugelernt habe: jeden Einzelnen wirklich voll und ganz ernst zu nehmen und auf ihn zu hören.

Man kann sich aber vorstellen, dass solche Verhandlungen gerade in China aufgrund dieser komplett unterschiedlichen Mentalitäten doch extrem schwierig sind. Wie treten Sie dort auf? Treten Sie dort hauptsächlich als Diplomat auf und nehmen den Missionar sozusagen zurück?

Solche Gedanken habe ich mir noch nie gemacht. Ich gehe einfach auf die Leute zu und rede mit ihnen. Das mache ich in gewisser Weise mit einer Art von Doppelstrategie. Erstens bin ich auch dabei immer der Niederbayer, der gerne mit den Leuten Fingerhakeln treibt. Sie weichen nicht, aber ich weiche auch nicht! Das geht so lange, bis wir miteinander eine Lösung gefunden haben, bei der beide Seiten Sieger sind. Und zweitens habe ich in Rom ja auch etwas gelernt: diese römische Art, mit anderen Menschen umzugehen, andere Menschen wirklich ernst zu nehmen und gleichzeitig nichts auf der Welt zu ernst zu nehmen, d.h. immer mit viel Humor voranzuschreiten. Vor allem geht es darum, dass man dem Gesprächspartner die Angst nimmt. Ein Universitätspräsident dort hat einmal gesagt: „Seit wir die Benediktiner kennen, haben wir keine Angst mehr vor der katholischen Kirche!" Ich weiß zwar nicht, warum er vor uns Angst haben sollte, aber das war nun einmal sein Problem. Wenn ich den Menschen die Angst nehmen kann, dann kann ich auch in Freude mit ihnen verhandeln und leben. Denn wenn ich mich einsetze, dann will ich ja auch nicht nur Opfer bringen, das wäre mir zu negativ. Ich möchte vielmehr auch meine Freude haben, meine Freude am Leben bewahren und ausleben.

Gab es denn trotz dieser ganz positiven Lebens-einstellung, die Sie ja nun wirklich sehr, sehr stark verkörpern, auch schon einmal Situationen für Sie, in denen Sie schlichtweg verzweifelt waren, in denen es scheinbar keinen Ausweg mehr gab? Haben Sie schon Momente erlebt, in denen Sie sich gefragt haben, ob es eigentlich richtig ist, was Sie tun?

Es gab in China sehr wohl Nächte, in denen ich nicht mehr weiter wusste, in denen ich nicht geschlafen habe, weil ich nicht wusste, wie wir an die Gelder kommen sollten. Ich hatte ja dies-bezüglich nie etwas in der Tasche. Und deswegen hatte ich wirklich große Angst, ob wir z. B. dieses riesige Krankenhausprojekt wirklich durchbringen. Aber die Schwestern haben sehr viel beigesteuert, sehr viel beigebracht. Ich bin darüber sehr froh gewesen, denn auf diese Weise konnte ich mich hauptsächlich auf die Verhandlungen konzentrieren. Ich war dort also letztlich immer zuversichtlich, auch wenn wir einmal fast vier Jahre lang festgesessen haben. Aber wir Benediktiner denken ja in großen Zeiträumen: über 1000, 1500 Jahre hinweg. Und die Chinesen denken auch in großen Zeiträumen. Jetzt, vor einiger Zeit, war ich aber in Rom sehr, sehr verzweifelt. Wir sind nämlich dabei, zwei neue, große Räume für unsere Hochschule zu bauen. Wir können jedoch nichts mehr bauen, weil das Ganze zur archäologischen Zone erklärt worden ist. Warum? Weil bereits nach gut vier Metern unter der Oberfläche – uns hatte man vorher gesagt, dass erst nach sieben Metern etwas kommen würde – so ein paar Ziegelsteine ans Tageslicht kamen. Prompt hat die Archäologiebehörde in Rom alle weiteren Bauarbeiten blockiert. Man wollte uns überhaupt keine weiteren Baugenehmigungen mehr geben. Im Gegenteil, unser komplettes Gelände sollte zum Museum erklärt werden. Ich habe deswegen sehr, sehr viel Wut im Bauch gehabt: dass sich diese Leute für ein paar Steine verantwortlich fühlen, aber nicht für 450 Studenten! Denn Sant' Anselmo war ursprünglich für 60 bis 90 Studenten angelegt. Dasselbe Problem hatten wir mit der Denkmalbehörde im Rom. Als ob wir ein Denkmal hätten bauen wollen! Wir wollten doch „nur" eine Hochschule bauen! Dass diese Schule auch schön sein sollte, ist nun einmal benediktinisch. Alles, was wir tun, soll auch ästhetisch schön sein. Aber wir wollten doch um Himmels willen kein Mausoleum bauen! Ich hätte dieser Dame, die dort in dieser Behörde oben dran sitzt, am liebsten gleich eine Kabine in einem tatsächlichen Mausoleum gebaut.

Wie geht es dort jetzt weiter?

Ich habe das Ganze jetzt mal ruhen lassen und wieder etwas anderes gemacht. Ich musste ja jetzt auch erst einmal die neue Regierung in Rom ins Lot kommen lassen. Ich hoffe nur, dass wir das nächste Mal die notwendige Unterschrift bekommen, bevor die Regierung zerbricht. Denn zwei Mal waren wir eigentlich schon fast am Ziel, aber jedes Mal ist die Regierung den Bach runtergegangen.

Das ist diese weitere Unsicherheit, mit der man in Rom immer rechnen muss.

Ja, aber irgendwie wird es schon weitergehen. Ich habe ja in meinem Leben schon Projekte durchgezogen, die sehr lange gedauert haben. Für die Renovierung der Kirche in St. Ottilien, die meines Erachtens unglaublich gut gelungen ist – diese Kirche ist heute wieder ein wunderschönes und würdiges Gotteshaus – haben wir elf Jahre lang gearbeitet.

Da braucht es einen langen Atem.

Ja, das stimmt. Bei diesem Krankenhaus in China war es so, dass der erste Gedanke 1989 aufgekommen ist. Die ersten konkreten Schritte wurden dann 1992 unternommen. Und eingeweiht haben wir das Krankenhaus dann 2001. Diese enorme Stabilität, diese Kontinuität ist der Vorteil bei den Benediktinern. Denn sonst könnte man in unserer schnelllebigen Zeit solche Projekte fast nicht mehr machen. Wir Benediktiner sind also auch hier wieder wie in der Völkerwanderungszeit die stabilisierenden Faktoren.

Ist die Musik für Sie ein Korrektiv, ein Ausgleich bei all diesem Stress und all diesen Sorgen?

Ja, schon. Ich gehe dann immer wieder mal in mein Zimmer und spiele etwas. Vorgestern Abend hatte ich nicht so viel Zeit, also habe ich dieses Solostück „Syrinx" von Debussy gespielt, danach dann noch eine wunderbare Sonate von Telemann. Zum Abschluss habe ich noch das Solo aus „Locomotive Breath" gespielt, damit ich ein bisschen in Übung bleibe. Jetzt, da ich wieder einmal unterwegs bin, habe ich zwar nicht meine Gitarre auf dem Rücken, aber doch in meinem Handgepäck für diese zwei, drei Tage meine Querflöte mit dabei.

Vor einiger Zeit standen Sie im Kloster Benediktbeuern bei dem Stück „Smoke on the Water"

zusammen mit der Kultband Deep Purple auf der Bühne. Das war ein gigantisches Konzert. Es herrschte eine Riesenstimmung! War es für Sie die Erfüllung eines Jugendtraums, mit Deep Purple auf der Bühne zu stehen und diesen Megahit zu spielen?

Es war eigentlich keine Erfüllung eines Traums, weil ich es überhaupt nie gewagt hätte, so einen Traum zu träumen. Ja, das war ein unglaubliches Gefühl, dort oben zu stehen und mit diesen Musikern zusammen zu sein. Im Moment war ich zuerst etwas verunsichert, weil ich ganz im Dunkeln stand und gar nicht wusste, wie die Regie läuft. Und auf einmal gab es diesen Beamer, diesen Lichtstrahl voll auf mich, und die Leute haben geschrieen und gebrüllt. Das war schon toll, wirklich toll.

Man muss vorausschicken, dass es im Vorfeld dieses Konzertes ein Interview gegeben hatte, das Sie mit Ian Gillan geführt hatten, dem Lead-sänger von Deep Purple. Dabei kam Gillan ganz spontan die Idee: „Du spielst später mit uns zusammen ‚Smoke on the Water' auf der Bühne!" Das war also alles recht spontan.

Ja, ich bin mit diesen Musikern sofort warm geworden, es war, als ob wir schon ewig zusammen gewesen wären. Ich glaube, es gibt eine ganz schlichte Formel für uns Menschen: Man muss die

Leute mögen! Wenn das der Fall ist, dann geht vieles. Ich kann da gar nichts dafür, denn das ist vielleicht auch eine gewisse Berufung, ein bestimmtes Charisma. Das öffnet jedenfalls auch sofort den anderen. Das heißt, es gibt sofort eine dialogische Situation, wenn ich das mal so hochtrabend ausdrücken darf, es gibt sofort eine Beziehung untereinander. Wenn man das schafft, dann braucht man sich nicht erst lange und vorsichtig vorzutasten. Es gibt ja unglaublich viele Ratgeber und Handbücher darüber, wie man gut Dialoge führt. Ich habe nie Diplomatie gelernt, habe aber immer erfolgreich mit anderen Menschen verhandelt. Das liegt einfach daran, dass mein Gesprächspartner sofort meine Freude spürt, ihm zu begegnen. Er kann dann gar nicht mehr anders, also ebenso zu reagieren.

Musik verbindet also. Kann man denn sagen, dass die Musik auch ein Vehikel ist, um im interreligiösen Dialog weiterzukommen? Ist die Musik etwas, das in irgendeiner Weise den Kontakt zwischen Christentum und Buddhismus, Hinduismus und auch dem Islam herstellen kann?

Ich habe bei den Buddhisten in Japan ein paar Mal Querflöte gespielt. Und zum 100-jährigen Bestehen von St. Ottilien kamen sie wiederum zu uns und nahmen an unserem Jubiläum teil. Sie haben mir dabei eine handgemachte Querflöte von Yamaha geschenkt. Das ist auch ein sehr schönes Zeichen für unseren interreligiösen Dialog. Das ist übrigens die Querflöte, auf der ich immer wieder spiele. Ich habe rund um den Globus eine Querflöte dabei. Ich bin ja inzwischen bekannt dafür: Überall, wo ich hinkomme, mache ich auch Musik. Die dabei entstehende Stimmung stiftet sofort Kontakte: Das heißt, es sind dann sofort Brücken da. Die amerikanischen Schwestern waren z. B. zuerst einmal sehr vorsichtig mir gegenüber. Sie dachten, ich wäre auch so ein „Macho" aufgrund meiner Herkunft. Aber ich war dann bei ihnen und habe auf der Querflöte Telemann gespielt. Bei jedem Stück hat dann eine andere von diesen Schulschwestern mit mir mitgespielt. Auf einmal kommt dann so eine recht humorvolle und couragierte Feministin von den Philippinen daher – sie ist jetzt die Priorin der Tutzinger Missionsbenediktinerinnen – und sagt zu mir: „Come on, Notker, let's get the show on the road!" Und dann haben wir Broadwaymelodien gespielt: aus „West Side Story", „My Fair Lady" usw. Dadurch war auf einmal das ganze Eis gebrochen. In Nordkorea habe ich bei der Einweihung des Krankenhauses beim Mittagessen noch bei Tisch zuerst ein bisschen Mozart gespielt. Dann fiel mir aber eine ganz bekannte koreanische Volksweise ein. Und plötzlich sprang eine der dortigen Bedienungen auf und hat dazu gesungen! Es ist überhaupt nicht in Worte zu fassen, was für eine Beziehung dann sogar zwischen den Nordkoreanern und einem Benediktiner von der katholischen Kirche passierte. Dabei denke ich aber überhaupt nie an so etwas. Stattdessen macht mir das einfach nur Freude: Es macht mir selbst Freude, und ich möchte den Menschen, die zuhören oder mitspielen, Freude bereiten.

Musik also gewissermaßen als Globalisierungsfaktor.
Ja, das würde ich schon sagen.

Und das in einer Zeit, in der man immer häufiger von diesem Clash of Civilizations spricht, also diesem Zusammenprall der Kulturen. Aber eigentlich geht es dabei ja gar nicht um einen Religionskonflikt, sondern eher um die Angst vor dem Identitätsverlust aufgrund des Einwirkens anderer, fremder Mächte usw. Müssten wir uns stattdessen nicht noch viel stärker globalisieren, uns noch viel stärker öffnen in dieser Richtung, um diesen Clash of Civilizations verhindern, abwenden zu können?
Ich glaube, wir brauchen heute immer stärker die Haltung der Gastfreundschaft in unserem eigenen Land. Das darf man aber schon wieder nicht so laut sagen, weil dadurch angeblich alles gleichgemacht

wird. Nein, es geht darum, den anderen zu respektieren in seiner Andersartigkeit. Ich finde die nämlich toll als eine wirkliche kulturelle Bereicherung. Anstatt eines Zusammenprallens der Kulturen ist mir die Vorstellung viel lieber, dass die verschiedenen Kulturen der Welt sich in die Arme fallen und miteinander tanzen. Oder sie singen alle zusammen wie früher diese alten Fischer-Chöre. Denn man kann doch auch miteinander singen, statt miteinander zu kämpfen. Klar, die Rüstungsindustrie sieht das anders: Sie will weiterhin einen Haufen Geld verdienen an diesen Kämpfen und Kriegen. Das, was uns letzten Endes nämlich immer wieder blockiert, ist die materielle Gier. In Wirklichkeit könnten nämlich die Menschen auch ganz anders, viel friedlicher zusammenleben. Natürlich sind wir nicht alle auf demselben Stand, natürlich sehen wir nicht alle in derselben Weise unsere Religion. Aber ich bin davon überzeugt, dass, wenn ich meine Religion lebe, das auch ein Muslim respektieren wird. Was jedoch der Muslim bei uns im Westen nie akzeptieren kann, ist diese ganze kulturelle oder säkularisierte Dekadenz, dass man sich über alles Religiöse lustig machen kann, dass überall und unentwegt Pornografie verfügbar ist usw. Mich selbst stört das alles gar nicht, aber die stört es einfach. Das heißt, man muss sehen, dass es eben auch einen Respekt vor dem Menschen gibt, geben muss. Diesen Respekt muss ich leben, das ist alles.

**Was halten Sie denn von Barack Obama, dem
ersten schwarzen amerikanischen Präsidenten?
Ist er ein Fanal der Hoffnung? Ist mit ihm auch
die Hoffnung auf ein Ende des Rassismus verbunden?**

Er ist ein echter Hoffnungsträger: Er konnte das
alles auf sich bündeln und er ist ein wahrer
Visionär. Er ist das, was eine wirkliche Führungsperson ausmacht. Ich hoffe, dass er die USA
wieder so in die Höhe bringt, dass das uns allen
hilft. Denn letztlich haben die USA auch für
Europa eine ganz wichtige Funktion. Noch mehr
aber glaube ich, und das hat mich persönlich sehr
gefreut, dass damit die Schwarzen endlich in
unserer Gegenwart angekommen sind. Ich glaube,
man kann gar nicht wirklich nachempfinden, was
die Wahl von Obama in den USA eigentlich
bedeutet: Die Weißen in den USA haben mit dazu
beigetragen, dass dieses Land von einem Schwarzen geführt wird! Das ist etwas ganz Neues und
sehr Schönes.

**Herr Abtprimas, wie politisch darf denn ein
Benediktiner, eine Benediktinerin sein? Muss er,
muss sie mit seinen, mit ihren Überzeugungen
hinter dem Berg halten?**

Nein. Erstens darf kein Christ mit seinen Überzeugungen hinter dem Berg halten. Ich denke da z. B.
an die heilige Hildegard von Bingen: Sie hat den

Kaisern die Leviten gelesen! Warum soll ich brav in meinem Kämmerchen sitzen bleiben, wenn ich sehe, dass irgendwo etwas vollkommen falsch läuft? Und ich kann erst recht nicht schweigen, wenn ich sogar gebeten werde, etwas zu sagen, mich einzumischen. Ich mache ja doch sehr viel, aber ich bin eigentlich gar nicht so sehr derjenige, der von sich aus in der Öffentlichkeit auf andere zugeht und sagt: „Ich möchte gerne dieses haben, ich möchte gerne, dass jenes geändert wird usw.!" Nein, ich bekomme so viele Anfragen, dass ich allen gar nicht nachkommen kann: Anfragen für Vorträge und Teilnahme an Gesprächen in der Wirtschaft, in der Politik, im Bildungsbereich. Auch das Fernsehen fragt immer wieder nach, ich soll an bestimmten Diskussionen teilnehmen usw. Ich glaube jedenfalls, dass wir Christen uns in der Tat einbringen müssen.

Sie sind ja auch noch Buchautor! Wie schaffen Sie das? Wann schreiben Sie denn auch noch diese Bücher?

Das mache ich nachts. Ich hatte z. B. in den letzten Tagen Plenarsitzung an der Ordenskongregation. Das ging von früh bis spät durch. Und am Abend musste ich dann noch meine E-Mails erledigen. Aber danach kamen mir plötzlich wieder ein paar Ideen: Das heißt, ich war unglaublich froh, endlich wieder einen vernünftigen Vortrag konzipieren zu können. Oder ich schreibe mal schnell eine Kolumne. Ich setze mich dann hin und schreibe und vergesse darüber völlig die Zeit – auch wenn mir dann nur noch ein paar Stunden Schlaf bleiben. Wenn ich schreibe, fühle ich mich nämlich wirklich wohl, weil ich endlich mal wieder kreativ tätig sein kann.

Was ist für Sie, den Abtprimas des Benediktiner-ordens, der Sinn des Lebens?

Die Freude und die Liebe, die Erfahrung, von Gott angenommen zu sein, von Gott geschaffen und geliebt zu sein. Denn damit geht das alles über mich und mein Leben hinaus, und ich habe eine Wahnsinnsfreude dabei.

Nachwort

Es ist drei Uhr morgens im Benediktinerkloster Oceanside in Kalifornien. Ein langer Sitzungstag mit den nordamerikanischen Äbten liegt hinter mir, und wegen des Jetlags kann ich nicht schlafen. Statt mich hin- und herzuwälzen, bin ich aufgestanden und habe die Druckfahnen dieses Buchs korrigiert. Jetzt kann ich mich beruhigt nochmals kurz hinlegen.

Die Texte sind anders als die meiner üblichen Schriften. Sie sind ganz im umgangssprachlichen Ton gehalten, wie es der jeweiligen Situation entspricht. Der erste Beitrag ist eine mitgeschnittene, freie Rede an junge Meisterinnen und Meister. Ich wollte sie nicht in einen abstrakten Vortrag umformulieren, sondern die Lebendigkeit der freien, ungeschliffenen Rede bewahren. Ähnliches gilt für den zweiten Beitrag, eine ebenfalls frei gehaltene Festrede für einen Neujahrsempfang. Solche Reden zu veröffentlichen, ist immer problematisch. Eine freie Rede ist kein Vortrag, sondern gewissermaßen ein Dialog mit dem anwesenden Publikum. Dem Leser fehlt aber genau dieser Bezug. Wollte ich eine solche Rede in ein flüssiges Deutsch umschreiben, wäre es nicht mehr die Rede. Ähnliches gilt auch bei der Wiedergabe eines Fernsehinterviews. Bei einem Zeitungsinterview lassen sich Aussagen sprachlich glätten, beim Fernsehen ist man ein für allemal festgelegt.

Und doch bestand der Wunsch, diese Texte allgemein zugänglich zu machen. Denn was ich jungen Menschen als Orientierung und Ermutigung mitgeben wollte, sei auch für weitere Kreise interessant, ebenso die Perspektiven der Rede zum Neujahrsempfang, selbst wenn gerade eine freie Rede auf zeitgenössische Ereignisse eingeht, die sich zur Zeit der nachträglichen schriftlichen Abfassung schon wieder geändert haben. Das Interview vermittelt etwas von dem biografischen Hintergrund, auf dem diese Gedanken gewachsen sind. So hat diese Publikation ihren eigenen Charakter und ihre eigene Zielsetzung im Rahmen meiner anderen Schriften.

Oceanside, Prince of Peace Abbey,
den 7. Februar 2010

111

Quellennachweis

Lebensgestaltung in Freiheit und Verantwortung
Notker Wolf OSB, Überarbeitete Aufzeichnung der
Festrede bei der 60. Meisterfeier der Handwerks-
kammer Düsseldorf am 26. April 2009. Der
lockere Stil der Rede an die jungen Menschen
wurde bewusst beibehalten. © Rechte liegen beim
Autor.

Von der Kunst, Menschen zu begeistern und zu
führen
Notker Wolf OSB, Überarbeiteter Mitschnitt der
Festrede anlässlich des Neujahrsempfangs der
IHK Hochrhein-Bodensee und der Handwerks-
kammer Konstanz in der Konzilshalle zu Konstanz
am 26.01.2009. © Rechte liegen beim Autor.

Meine Lebensmelodie
© Alpha-Forum: Notker Wolf OSB, Abtprimas des
Benediktinerordens – Michael Mandlik im Ge-
spräch mit Notker Wolf OSB. Eine Produktion von
BR-alpha vom 11.05.2009. Redaktion: Dr. Werner
Reuß